RÉPONSE
A MES ADVERSAIRES

IMPRIMERIE D'ÉD. PROUX ET Ce, RUE NEUVE-DES-BONS-ENFANS, 3.

RÉPONSE

A MES ADVERSAIRES

POUR SERVIR DE SUITE AU 1er VOLUME DE L'OUVRAGE INTITULÉ :

ÉTUDES HISTORIQUES, POLITIQUES ET MORALES

SUR L'ÉTAT DE LA SOCIÉTÉ EUROPÉENNE, VERS LE MILIEU DU DIX-NEUVIÈME SIÈCLE.

PAR

LE PRINCE DE POLIGNAC.

« Y a-t-il une nation qui, plus
» que la nôtre, se soit toujours
» laissé mener par des mots? —
» Non! »

(*Oui et Non*, par Timon.)

PARIS

CHEZ DENTU, LIBRAIRE, AU PALAIS-ROYAL,

ET CHEZ GARNIER FRÈRES,

RUE RICHELIEU, N. 10, ET PALAIS-ROYAL, 215 BIS.

1845

Cet écrit devait paraître au mois de juillet dernier, ainsi que l'indique la date de la Courte préface qui suit; mais une maladie longue et grave, qui a mis mes jours en danger, en a retardé l'impression. Je le livre aujourd'hui, sans y rien changer, à l'examen impartial du public.

Je dois à mes lecteurs de leur faire connaître par quel motif un écrit qui sert de suite au livre intitulé: *Études historiques, politiques et morales*, porte un titre différent. Ce motif le voici : J'ai pensé qu'il serait préférable de faire du même ouvrage deux parties entièrement distinctes, l'une exclusive pour la France, l'autre se rapportant uniquement aux autres sociétés européennes. La grande susceptibilité qui existe en France contre tout ce qui est étranger, empêcherait, je le crains, qu'un travail consciencieux dans lequel *le bien* doit trouver sa place comme *le mal,* fût en ce moment favorablement accueilli (1). Je sais qu'une telle disposition ne saurait long-temps durer, l'esprit national s'y oppose ; mais je crois plus convenable d'ajourner, pour quelque temps encore, les observations que j'aurai à présenter sur l'état intérieur des sociétés européennes. En parlant de la situation fondamentale des nations étrangères, mes paroles pourraient être faussement interprétées, comme elles l'ont été par quelques publicistes français à l'occasion des *Études historiques*.

Désirant toutefois suppléer à la seconde partie de mon livre, je me suis déterminé à publier les observations suivantes sous la forme d'une réponse à mes adversaires. Mon but principal est de donner un plus large développement aux principes politiques qui se trouvent établis dans l'ouvrage, principes que quelques uns de mes critiques ont étrangement défigurés. A dire vrai, plusieurs d'entre eux ont surtout dirigé leurs

(1) Je conçois le sentiment d'honneur national qui apprend à un peuple à venger une insulte, à savoir noblement maintenir son indépendance, à être ferme envers le puissant, modéré envers le faible, juste envers tous ; je comprends ce sentiment, dis-je, et mes ennemis politiques eux-mêmes, tout en demandant ma tête il y a quinze ans, ont aussi publiquement déclaré que je l'avais compris.

attaques contre ma personne ; ils ont été chercher les couleurs les plus déplaisantes à l'œil, pour tracer un portrait moral de l'auteur. Je ne me plains pas de leur partialité, mais du procédé à l'aide duquel ils ont sans cesse mis l'auteur à la place de son œuvre ; or, dans le livre que j'ai publié, je dis *faux* ou je dis *vrai* ; si je dis faux, qu'on me réfute, mais si je dis vrai qu'importe ce que je suis, la vérité reste toujours la vérité.

En traçant les pages que j'ai livrées au public, je me suis constamment efforcé de mettre de côté tout esprit de parti, je n'ai voulu flatter aucune opinion aux dépens de ma conscience, j'ai dit ce que j'ai cru être vrai, sans intention aucune de briguer des suffrages par des paroles trompeuses, comme sans crainte de les éloigner de moi en empruntant le langage d'une conviction profonde, inébranlable. Cette observation s'applique à l'écrit que je soumets aujourd'hui à mes lecteurs, lequel renferme ma première comme ma dernière réponse à des attaques, dont quelques unes, à en juger par les expressions irritantes et peu mesurées, semblent prendre leur origine dans un sentiment de malveillance, et non dans le sentiment de la justice.

Cette réponse était déjà préparée depuis plusieurs mois, mais l'ouvrage auquel elle se rapportait, renfermait l'examen de questions historiques aussi bien que l'examen de questions politiques et morales : ne voulant pas avoir à prendre la plume deux fois pour sa défense, j'ai dû attendre que mes adversaires attaquassent, s'il y avait lieu, l'exactitude des faits historiques dont ce livre présentait le récit, comme ils avaient attaqué les convictions de l'auteur. Je me serais fait un devoir de rectifier toute erreur dans laquelle je fusse tombé, si quelqu'une m'eût été signalée. Je l'avais ainsi annoncé dans l'avant-propos de mon ouvrage, et je n'eusse pas reculé devant l'accomplissement de ma promesse.

Wildthurn, juillet 1845.

RÉPONSE

A MES ADVERSAIRES.

Depuis la publication des *Études historiques, politiques et morales* (1), aucune erreur historique de quelque importance n'a encore été reprochée à l'auteur; aucune infidélité dans le récit des faits n'a été relevée. Je suis donc maintenant en droit de croire que toute la partie historique de l'ouvrage est conforme à l'exacte vérité (2);

(1) Il s'est écoulé sept mois depuis cette publication.

(2) Dans la *Gazette de France* du 16 décembre 1844, le comte de Bermont, auteur de l'écrit publié en août 1830, et intitulé : *La garde royale pendant les événemens du* 26 *juillet au* 5 *août* 1830, croit avoir à signaler une erreur dans le livre des *Études historiques*, etc. Il dit : « M. le prince de Polignac discute dans son ouvrage *l'effectif* » des troupes : celui que j'ai présenté est le *résultat des situations* » *des corps fourni chaque jour aux généraux ;* M. de Polignac insiste » beaucoup *sur l'inexactitude de cet effectif!!!* etc. » Il est permis de supposer que l'auteur de cette lettre aura parcouru légèrement l'ouvrage qu'il cite, car autrement il se serait aperçu qu'au lieu *d'insister*

certes, ce n'est pas la volonté de trouver l'auteur en faute qui a manqué à mes adversaires ; leurs attaques en font preuve : chez quelques uns ces attaques ont porté le caractère de l'emportement, plusieurs même ont pris plaisir à torturer le sens et les expressions des

sur l'inexactitude de l'effectif des troupes, tel qu'il l'établit, nous avons dit au contraire : « *Prenons donc ce travail pour base de nos calculs.* » Et nous avons ajouté : « *Ce n'est, certes, pas m'ériger en juge dans ma propre cause.* » Cette dernière phrase faisait allusion aux expressions personnellement hostiles dont l'auteur de l'écrit ci-dessus indiqué s'était servi contre moi. J'ai dû offrir à mes lecteurs le résultat de renseignemens qui m'ont été donnés sur la force des troupes par divers officiers présens à Paris lors de l'insurrection ; je l'ai fait, mais sans discuter la valeur de ces renseignemens, sans les présenter comme *officiels ;* je me suis borné, je le répète, à adopter, pour base de mon travail, le contenu de l'écrit de M. le comte de Barmont, tant sur ce qui se rapporte à l'effectif des troupes présentes au 25 juillet 1830, dans la capitale et dans ses environs (effectif qu'il déclare encore aujourd'hui être exact), que sur ce qui concerne les nombreuses défections militaires qui ont paralysé la défense. (Voy. page 308 et suiv. des *Études historiques, politiques et morales*, et p. 439.) L'auteur d'un ouvrage récemment publié *(L'Europe depuis l'avènement du roi Louis-Philippe*, par M. Capefigue), tombe dans la même erreur que nous venons de signaler, faute aussi, sans doute, d'avoir lu le livre dont il parle. « Quelles que soient les *assertions* de M. de Polignac, dit-il (tome 1er, page 397), il n'a pu détruire les notes officielles des forces de la garnison de Paris qui, au 25 juillet, prirent une part active à l'action. » On croirait, d'après ce préambule, qu'il va produire un document autre que celui qui, comme il est dit plus haut, a servi de *base aux calculs* établis dans le livre des *Études historiques ;* point du tout, il donne *identiquement* le même sans *y rien* changer. (Voyez *Études historiques*, *politiques et morales*, etc. pages 310 et 440.)

phrases et des pensées pour en obtenir des *chefs* d'accusation contre l'auteur.

Le défaut de publicité du livre ne l'a pas non plus privé de juges partiaux ou impartiaux ; car il a promptement été répandu en Europe. Une contrefaçon, faite hors de France presqu'aussitôt après sa publication (1), des traductions en langues étrangères, la polémique ardente, approbative ou désapprobative qu'il a soulevée parmi d'habiles publicistes de divers pays, en ont facilité la connaissance. Ce n'est pas un vain amour-propre d'auteur qui me fait parler de ces résultats. Je sais qu'ils ne sont dus qu'à l'importance du sujet traité dans l'ouvrage, et que je n'y ai, pour ma part, d'autre mérite à prétendre que celui d'avoir, en face d'opinions contraires et même triomphantes dans quelques pays, eu le courage d'exposer consciencieusement mes propres convictions sur les véritables causes des événemens qui, depuis la fin du siècle dernier, tiennent la société européenne dans une constante agitation.

L'étude de ces événemens intéresse, sans doute, assez le sort des sociétés pour devenir l'objet d'un examen sérieux. Quelques publicistes français semblent n'avoir pas été de cet avis, et je ne puis, je l'avoue, que partager l'opinion d'une feuille publique, laquelle, bien qu'hostile à mes sentimens politiques, s'est étonnée avec raison *des paroles légères avec lesquelles quelques journaux français ont accueilli le livre dont il est ici ques-*

(1) En Belgique.

tion (1); il est vrai de dire que notre nation est railleuse, colère parfois, mais rarement penseuse, surtout lorsqu'elle est en proie, comme elle l'est encore en ce moment, à une sorte d'irritation politico-nerveuse qui lui fait envisager toute résistance à ses désirs capricieux comme une insulte faite à sa propre dignité. C'est, sans doute, le motif pour lequel les publicistes étrangers, et surtout les publicistes allemands, ont apporté dans l'examen du livre des *Études historiques, politiques et morales*, quoique quelques uns d'entr'eux n'aient pas approuvé toutes les opinions de l'auteur, une attention méditative, une logique profonde et raisonnée qu'on regrette ne pas trouver, en cette occasion, dans la plupart des publicistes français.

C'est cependant principalement à ces derniers que s'adresse la réponse que je livre au public aujourd'hui ; en voici la raison : plusieurs, parmi eux, ont mal interprété quelques unes de mes pensées et de mes expressions. Ils en ont tiré de fausses conséquences qu'il m'importe de rectifier ; c'est pour atteindre ce but que je publie ces pages qui, comme on le prévoit facilement, ne rouleront guère que sur des questions de principes déjà traitées dans le livre incriminé. L'examen de ces principes est, en effet, la seule chose qui doive ici m'occuper, puisque l'exactitude historique du livre n'a pas été attaquée ; cet examen remplira en même temps un autre but, celui de répondre indirectement à quelques personnes qui m'ont transmis par lettres des ob-

(1) Le *Globe* (journal français) du 20 décembre 1844.

servations restées jusqu'à présent sans réponse. J'espère qu'elles voudront bien excuser cette manière officielle et publique de correspondre avec elles : au reste, j'ai soin d'omettre leurs noms ; mais je ne doute pas qu'elles ne trouvent facilement, dans le cours de cet écrit, la solution des difficultés qu'elles m'ont présentées.

Si quelques publicistes français n'ont pas gardé dans leurs attaques contre moi, cette modération de style et d'expressions qui révèle toujours la justice comme la moralité de l'opinion qu'on soutient, j'aurai soin d'échapper à l'influence d'un si triste exemple ; mais, d'un autre côté, je ne terminerai point ces observations préliminaires sans adresser mes sincères remercîmens aux publicistes, tant français qu'étrangers, qui, dans leur critique littéraire, ont trouvé des paroles d'indulgence et d'encouragement à donner à l'auteur.

II.

A peine le premier volume des *Études historiques, politiques et morales sur l'état de la société européenne vers le milieu du* XIXe *siècle* (1), eut-il été livré au public, que la presse française s'en émut. Cela devait être : les questions, traitées dans cet ouvrage, se rapportaient aux diverses périodes d'une révolution politique et morale, projetée avant 89, mise à exécution à cette époque, et continuée encore de nos jours : il s'agissait d'exa-

(1) Chez Dentu, au Palais-Royal, à Paris, et chez Garnier frères.

miner les causes de ces terribles péripéties qui, depuis plus d'un demi-siècle, ont couvert de ruines le sol européen : l'aspect de ces débris de pouvoirs brisés, gisans à nos pieds, et arrosés du sang et des larmes de tant de nos semblables, ouvrait naturellement un champ vaste à d'utiles méditations ; l'esprit de parti aurait dû se voiler à l'aspect de tant de maux ; mais malheureusement chez nous l'amour-propre survit à tous les désastres politiques, non pour en révéler les causes, mais, selon le sentiment qu'il caresse, pour se réjouir ou s'irriter des effets qu'ils présentent. De pareilles dispositions morales empêchent de connaître la vérité des temps passés : car on ne pense alors, on n'agit, on ne juge que sous l'influence du moment.

Ce fut ce qui arriva lors de l'apparition du livre des *Études historiques* : il devint l'objet de jugemens différens souvent opposés, provoqués par des sentimens passionnés et par conséquent toujours injustes ; ainsi les partisans du système républicain en voulurent à l'auteur, parce qu'il avait signalé le principe de la souveraineté du peuple, comme chimérique et gros de tempêtes ; les amis du régime actuel se formalisèrent de ce qu'il avait représenté ce régime comme dépendant d'un principe politique subversif comme étant soumis à ses capricieuses influences. Quant à certains royalistes qui prennent pour interprète de leur opinion la *Gazette de France*, je ne sais réellement pas ce qu'ils ont prétendu objecter aux principes que j'ai développés, car ces mêmes principes ont jadis été défendus par eux ; aussi leur organe officieux (la *Gazette de France*), dans ses articles hostiles et nombreux, n'a jamais abordé l'examen d'aucune des questions traitées dans l'ouvrage ; il n'a rien discuté; il a seulement esquissé à sa guise, peut-être bien à son image, le portrait moral de l'auteur, puis il a lancé son œuvre au public. Nous aurons occasion de reparler plus tard de cet organe d'une nouvelle espèce, car l'hostilité, de quelque main qu'elle parte, ne me fera jamais reculer.

En résumé, les attaques de mes adversaires sont de deux sortes : attaques personnelles, c'est à dire passion, violence dans le langage; attaques contre les principes professés dans le livre, c'est à dire polémique qui peut être loyale et qui toujours, alors, a son côté utile. Nous écarterons le premier genre d'attaque, car nous pouvons bien descendre dans l'arène pour y lutter à armes courtoises, mais non pour y combattre à coups de poing. Nous ne nous occuperons, en conséquence, que des questions de principes. Nous prendrons même occasion de la polémique ardente suscitée par nos adversaires, pour donner à certains principes politiques exposés dans l'ouvrage, un développement qui sans doute leur a manqué puisqu'ils paraissent n'avoir pas été bien compris de tous.

Il nous semble, en effet, que quelques uns des lecteurs du livre des *Études historiques*, ne se sont pas aperçu que n'ayant sous les yeux qu'une partie de l'ouvrage, il leur était difficile de se former d'avance une opinion complète et définitive sur les vues ultérieures de l'auteur et sur sa manière d'envisager les conditions actuelles de la société européenne ; le résumé politique qui eût terminé l'ouvrage devait leur faire connaître quelles étaient, selon la pensée de l'auteur, les modifications possibles que l'état social serait peut-être dans le cas de subir sans péril imminent pour sa conservation. Qu'on remarque bien que les sociétés sont quelquefois tourmentées par des maladies morales qui peuvent modifier les conditions de leur existence; mais il faut avoir soin d'extirper autant que possible le venin de ces maladies avant qu'elles ne s'incorporent dans les mœurs publiques ; c'est pourquoi il est utile,il est bon d'étudier et de signaler les causes qui leur ont donné naissance, pour pouvoir plus tard éviter leur retour. Telle a été l'intention de l'auteur des *Études historiques*, dans la première partie de son ouvrage ; cependant une lecture attentive de cette première partie y eût en même temps révélé la présence de certains principes encore en état de germe et qui attendaient un développement ultérieur. Les reproches de nos adversaires nous offrent l'occasion d'indiquer notre pensée plus clairement que nous ne l'avons fait; nous les en remercions , et tout en repoussant leurs attaques, nous soumettrons par anticipation à nos lecteurs, quelques unes des observations qui devaient être placées à la fin d'un ouvrage dont la terminaison est encore éloignée.

On peut résumer les griefs que nos adversaires font peser sur nous, à deux principaux qui ont servi de point de départ pour toutes leurs autres attaques. Selon eux , je serais

Partisan de *l'absolutisme*,
Hostile aux idées du siècle.

Nous examinerons l'un après l'autre ces deux chefs d'accusation.

III.

L'esprit de parti frappe d'aveuglement ceux que cet esprit domine ; on le sait, il n'est donc pas étonnant que quelques publicistes français, affligés de cette cécité morale et politique, hostiles surtout à l'ouvrage à cause du nom de son auteur, aient vu dans les *Études historiques* autre chose que ce qui s'y trouve réellement ; s'ils eussent lu ce livre, dégagés de toute passion et de toute animosité personnelle, ils eussent bientôt reconnu leur erreur : car l'opinion contraire à celle qu'il prête à l'auteur au sujet de l'absolutisme, y est positivement exprimée. Il y est dit : « *Que toute société qui s'organise doit repousser le principe de l'absolutisme d'un seul ; que ce principe mène insensiblement à l'arbitraire, puis au despotisme, attendu que lorsque l'homme peut tout ce qu'il veut, il veut bientôt plus qu'il ne doit* (1). C'est une logique assez singulière que celle qui porte à déclarer *partisan de l'absolutisme*, celui qui rejette le principe de *l'absolutisme*. Mais cette logique, je le répète, appartient à l'esprit de parti qui, dans son irritation contre toute résistance, n'envisage jamais les questions que d'un côté, et n'aperçoit que ce qu'il veut condamner.

J'avais signalé dans mon livre les dangers et l'insuffi-

(1) Pages 382 et 383.

sance, pour la tranquillité publique, de ces chartes improvisées dont l'existence éphémère atteste aujourd'hui l'inquiétude qui règne dans une partie du corps social (1). Je m'étais aussi élevé contre la fiction du principe de la *souveraineté du peuple,* principe invoqué déjà par les prétendus régénérateurs du siècle dernier, et qui, loin d'effectuer le bien du peuple comme les événemens ne l'ont que trop prouvé, ne sert qu'à préparer et à opérer des bouleversemens politiques (2). Mes adversaires me dénoncèrent alors comme partisan de *l'absolutisme.* Cependant des faits, des raisonnemens appuyaient mes assertions. N'importe : ne pouvant toutefois nier l'évidence des faits et ne se souciant guère de combattre les raisonnemens que je présentais, quelques uns d'entre mes antagonistes préférèrent passer condamnation, *sans examen*, sur l'ouvrage, et se jeter dans la voie des personnalités en attaquant l'auteur. C'était me laisser l'avantage du terrain, car ils m'ont donné le droit de leur adresser individuellement cette réponse déjà bien connue : *Jupiter, tu te fâches, donc tu as tort* (3).

Aucune nation, autant que la nôtre, ne fait plier sa raison sous l'empire des mots ; l'impression ne tient que trop souvent, chez nous, la place du sentiment ; de là

(1) Voyez pages 152 et suiv. de l'ouvrage.

(2) Voyez chap. VIII de l'ouvrage.

(3) Il est surtout question ici de la *Gazette de France* et du *Journal des Débats.* Depuis le 8 décembre 1844 jusqu'au 15 janv. 1845, la *Gazette de France* n'a cessé dans chacun de ses numéros d'attaquer personnellement l'auteur du livre.

viennent notre légèreté dans les affaires, notre inconstance dans nos désirs et notre amour pour le changement. Pour nous l'étude du passé est parfois stérile, les leçons de l'expérience à peu près nulles, et nous préférons poursuivre une brillante erreur, plutôt que d'écouter le langage austère de la vérité. On ne doit donc pas être surpris de voir tant de personnes en France, s'inclinant encore devant les doctrines philosophiques et politiques de 1789, ne croire à *l'indépendance* d'une nation que lorsque cette indépendance se trouve placée sous la double protection du principe de la *souveraineté du peuple* et d'une *charte écrite*, laquelle d'un trait de plume fixe *à jamais* les droits, les intérêts, et par conséquent les mœurs politiques de cette nation. Une semblable conception gouvernementale leur paraît la seule qui convienne à la dignité de l'homme, la seule qui puisse le soustraire à la flétrissure d'un régime absolu : or, comme j'ai eu le malheur de ne voir qu'une fiction *dans le principe de la souveraineté du peuple* et de ne reconnaître qu'une œuvre impuissante et *passagère* dans l'institution d'une charte donnée *à perpétuité*, on a jeté l'anathème sur mes opinions, et l'on m'a déclaré *partisan de l'absolutisme*. La conclusion était digne de l'exorde.

Je ne rentrerai point ici dans le fond de la discussion : je crois avoir démontré dans le livre *des Études hist., polit. et morales*, que le *principe de la souveraineté du peuple* était sans application possible, pour la tranquillité et le bonheur d'un pays; car si cette souveraineté réside dans les individualités, la masse ignorante l'emportera toujours, à cause du nombre, sur une minorité éclairée; si, au contraire, certaines combinaisons prises dans l'intérêt de cette minorité lui donnent un degré d'influence refusée au reste des citoyens, on aura dénaturé le principe qui crée pour tous des droits égaux, inaliénables, imprescriptibles, inséparables (1). Je crois aussi avoir prouvé, par le simple récit des événemens, combien étaient peu durables, chez nous, ces grands actes politiques appelés *Chartes*, qui presque toujours enfantés dans l'effervescence des passions, et n'exprimant que les vœux d'une opinion triomphante et éphémère, prétendent néanmoins embrasser dans un cercle de fer l'avenir d'une nation et visent à une *perpétuité* que le temps ne leur accorde jamais. Les argumens que j'ai employés pour établir cette double démonstration sont restés sans réponse; on les a rejetés sans discussion. Quelques uns des plus ardens parmi mes adversaires en ont pris occasion pour m'adresser des personnalités un peu passionnées, ce qui, à mon avis, ne prouve rien du tout, si ce n'est que la colère a conduit leur plume. Or, la colère est mauvaise conseillère; d'ailleurs, peu importe. Il ne s'agit pas maintenant d'examiner de nouveau des questions déjà traitées, mais bien de faire comprendre à mes adversaires qu'on peut n'avoir pas foi dans l'efficacité du principe de la *souveraineté du peuple*, ni dans la viabilité des *chartes improvisées*, et, néanmoins, ne pas admettre pour cela la doctrine de *l'absolutisme* d'un seul; tel est, en ce moment, le véritable état de la question.

(1) Voyez pages 357 et suiv. de l'ouvrage.

Présentons ici quelques observations sur cet important sujet. Nous ne pouvons, il est vrai, qu'indiquer à peine les sommités des questions qui s'y rattachent, autrement il nous faudrait écrire des volumes; mais l'intelligence de nos lecteurs suppléera à la brièveté de nos paroles.

J'ai dit qu'il fallait *repousser* du sein de *toute société qui s'organise* l'influence *du principe de l'absolutisme* (1). La raison et la morale paraissent concourir toutes deux à prouver l'exactitude de cette assertion.

En effet, l'homme est né pour vivre en société ; mais son Créateur, en lui donnant cette destination, et en lui laissant le libre arbitre du bien et du mal, a dû lui inspirer des sentimens propres à la conservation du noble état auquel il l'appelait; c'est aussi ce qu'il a fait : l'amour *des pères et des mères* pour leurs enfans protége les générations qui s'élèvent. *Le remords* implanté dans le cœur du méchant, lui apprend qu'il existe une loi *surhumaine* qui condamne son égarement. *L'amour* et la *crainte* sont donc deux sentimens innés qui attestent la présence invisible de Dieu dans l'établissement de toute société, et son désir d'en être le premier lien et le secret régulateur. La *crainte* du Tout-Puissant et *l'amour de nos semblables*, tel est, en effet, le principe fondamental de toute société humaine. Cette vérité n'a même pas échappé *aux législateurs* de l'antiquité païenne; car tous, à l'exception peut-être de Confucius, qu'on peut plutôt appeler un profond moraliste, ont gravé dans leurs lois l'o-

(1) Pages 382 et 383 de l'ouvrage.

bligation pour l'homme de *respecter* les Dieux aussi bien que *d'aimer* ses concitoyens. Or, le respect naît de la crainte, celle-ci engendre l'obéissance; il est donc de notre devoir d'étudier les voies du Créateur et de prêter une oreille attentive aux préceptes divins qu'il a enseignés aux hommes dans le but de régler les rapports moraux qui doivent exister entre eux.

Les philosophes du dix-huitième siècle eurent l'audacieuse prétention de dégager toute société du joug salutaire de l'autorité divine et de n'en appeler qu'à la raison humaine pour reconstituer un nouveau *pacte social*; c'était tenter l'absurde; les événemens se chargèrent de le prouver. En effet, point de *pacte social* sans *règles de morale* préexistantes et immuables, lesquelles garantissent la loyale exécution du contrat et lui donnent, à la fois, force et vie. Or, l'imperfectibilité de la raison de l'homme s'oppose à ce que celui-ci puisse, à lui seul, donner à de semblables règles le caractère d'immuabilité et de perpétuité qui leur est nécessaire; *l'intérêt personnel* leur servirait toujours de base; mais ce genre d'intérêt change souvent de nature, et la garantie du contrat venant alors à disparaître, les conditions cesseraient d'être obligatoires, le pacte serait rompu, une lutte devrait s'engager, et la force victorieuse dicterait les conditions d'un nouveau contrat.

Aussi, les imprudens législateurs du siècle dernier en en appelant aux seules lumières de la raison, communiquèrent-ils à la société qu'ils croyaient régénérer, un principe d'instabilité qu'ils puisèrent dans la fragilité de leur propre nature. En rejetant toute autorité morale et religieuse ils donnèrent un libre cours aux passions les plus effrénées. Ils firent même l'aveu, qu'après tout, l'intérêt personnel était à leurs yeux *l'unique et l'universel appréciateur* du mérite des actions des hommes. Ils prirent l'agitation pour le mouvement, la perturbation pour un progrès, et bientôt s'avançant au milieu des ruines, ils purent s'écrier : *Nous marchons, donc le siècle marche avec nous* (1).

Nous ne les suivrons pas dans leurs folies, mais comme conséquence des observations présentées ci-dessus et comme résultat des leçons d'une cruelle et longue expérience, nous nous croirons en droit de dire qu'aucune société ne peut se fonder en l'absence de tout sentiment de respect envers le Créateur et d'obéissance aux préceptes de morale qu'il a enseignés pour servir de règles de conduite aux hommes.

Cela posé, nous trouverons dans les préceptes divins les bases premières de toute civilisation parmi les hommes, et par conséquent celles sur lesquelles repose l'établissement de toute société, quelle que soit d'ailleurs la forme du gouvernement appelé à régir cette société. On ne voit nulle part que l'immortel auteur de ces préceptes ait prétendu livrer les sociétés à l'orgueil *d'un seul*, ni les laisser tomber dans l'anarchie par la folie de tous. Il a au contraire commandé aux enfans des

(1) On a brièvement exposé dans le livre des *Études historiques, politiques et morales,* les doctrines des philosophes du XVIIIe siècle, d'après leurs propres écrits. (Voyez pages 47 et suiv. de cet ouvrage, *ainsi que la note première des pièces justificatives.*)

hommes *de s'entr'aider les uns les autres*. C'était leur donner évidemment le libre exercice d'une volonté facultative, dont la direction doit avoir pour but l'intérêt commun ; il n'a pas mis à la disposition d'un seul homme ni le fruit du labeur du pauvre, ni le produit d'un travail quelconque justement obtenu ; car, en enseignant à tous *de ne point dérober et de ne désirer ni la maison du prochain, ni rien de ce qui lui appartient* (1), il a institué par cela même le droit de propriété et celui de légitime possession, lequel ne peut être enfreint que du consentement de celui qui possède, et pour le bien-être de la communauté. Mais, d'un autre côté, Dieu a aussi créé, dans les sociétés, des grands et des petits, des riches et des pauvres, des faibles et des puissans. Il a même dit à son peuple, après en avoir ordonné le dénombrement : « *Les princes de vos tribus et de vos maisons seront avec vous* (2). C'était consacrer l'inégalité des rangs et des conditions ; et, de fait, cette inégalité a toujours existé, et elle existera toujours ; elle est dans l'ordre que Dieu a voulu établir parmi les hommes. L'utiliser pour le bien général est un devoir ; vouloir la détruire serait peine inutile, car on contrarierait les vues du Créateur, ce qu'aucune société n'oserait long-temps essayer qu'à ses propres dépens. Il ne peut y avoir d'égalité *complète* que devant Dieu seul. Tout vient de lui, et tout y retourne. Lui seul d'ailleurs est parfait ; lui seul a la prescience de l'avenir : ses volontés sont donc

(1) *Exod.*, chap. xx, vers. 15 et 17.
(2) *Nomb.*, chap. 1er, vers. 4 et 16.

sages et immuables; les nôtres, au contraire, par suite de nos imperfections, par suite du peu de durée de notre existence et des limites bornées de notre intelligence, sont variables de leur nature. De là, inégalité de désirs, de besoins, d'intérêts, dont la société politique offre la fidèle image. Ces intérêts de tout genre se groupent nécessairement dans la vue de se prêter un secours mutuel. La société fixe alors, selon les circonstances, la prééminence qu'ils doivent tenir entre eux dans un but de conservation pour eux-mêmes et d'utilité pour toute la communauté. Mais cette prééminence n'indique aucune supériorité morale, aucun mérite intrinsèque qui lui soit propre ; elle ne désigne qu'un classement social entre les membres d'une même famille, réclamé dans l'intérêt de tous.

C'est ainsi que peu à peu l'ordre s'établit par le moyen d'une organisation protectrice de tous les intérêts placés diversement sur les degrés de l'échelle sociale : l'usage, le climat, les mœurs, l'expérience surtout, peuvent en modifier progressivement les formes sans en changer les élémens; car Dieu en a fait la *base* de toute société. Du sein de ces intérêts, ainsi groupés, surgissent les divers pouvoirs qui règlent la marche des sociétés; mais, pour en déterminer le but et en modérer l'action, Dieu a lui-même, ici-bas, institué un pouvoir émané de lui, lequel doit servir de type et de modèle à tous les autres : c'est la puissance paternelle, la seule autorité *civile et sociale* (l'autorité sacerdotale étant un pouvoir religieux) qui tire son origine du *droit divin*, puisqu'elle fut consacrée par les paroles expresses du Seigneur, adressées aux enfans des hommes : « *Tu honoreras ton père et ta mère* (1). Or, dans le pouvoir paternel, tout est amour, soin, désintéressement, aussi bien que protection et conservation; tout pouvoir, soit unique, soit collectif, qui s'élève dans le sein d'une société, doit donc également participer de ces divers caractères, dont aucun ne porte le cachet de l'absolutisme, ni d'un seul, ni de plusieurs. Toutefois, pour établir un lien plus fort et plus durable encore parmi les membres de toute société, Dieu a implanté dans le cœur de l'homme un premier sentiment qui résume en lui tous les autres, et dont l'action doit sans cesse se reporter vers lui : « *Tu adoreras le Seigneur ton Dieu, et tu ne serviras que lui* (2). » C'est ainsi que l'Eternel s'est lui-même exprimé. La crainte et l'amour de Dieu seront par conséquent la pierre fondamentale sur laquelle toute société devra reposer ; faute de quoi, elle ne bâtit que sur du sable. Le Créateur du monde est notre premier *Père ;* à lui donc le premier sentiment *de respect, d'amour et d'obéissance.*

Ces bases, posées par Dieu même, renferment toutes les conditions d'ordre et de stabilité qui peuvent servir à l'établissement des sociétés humaines. On peut les résumer ainsi : *Amour de Dieu* et obéissance à ses lois; — nécessité pour les hommes de *s'entr'aider* les uns les autres, et par conséquent, libre exercice de la volonté de chacun d'eux dans un but d'intérêt commun ; — res-

(1) *Exod.*, chap. XX, vers. 12.

(2) *Exod.*, chap. XX. Voyez les sept premiers versets.

pect dû au *droit de propriété;* — *hommage* rendu au pouvoir *paternel,* type divin et modèle de tout pouvoir ici-bas ; — enfin, *hiérarchie sociale,* comme moyen d'ordre, de force et de stabilité.

Toute société qui ne reposera pas sur ces bases aura peu de durée et sera exposée à des vicissitudes continuelles. La volonté arbitrairement exprimée de tous, puis la volonté arbitrairement exercée d'un seul, en briseront bientôt les ressorts. L'histoire contemporaine offre la preuve de ce que j'avance. Sur les ruines de tous les pouvoirs hiérarchiques de la société s'éleva, en 89, *l'anarchie* républicaine, et celle-ci disparut à son tour devant *l'absolutisme* d'un seul homme. Ces deux sortes de despotisme se succèdent ; l'un mène à l'autre. Il faut, pour prémunir la société contre de semblables excès, des corps intermédiaires qui tirent leur vie d'eux-mêmes et qui, tout en gravitant dans leur propre orbite, concourent, à divers degrés, au mouvement général de la société. En l'absence de ces corps ou associations intermédiaires, bien définis, bien appréciés, utilement classés et formant un faisceau d'intérêts sociaux, les chartes, prétendues *immuables* et perpétuelles, qui surgissent de notre temps, n'organiseront jamais rien ; car elles ne peuvent se rattacher à rien de préexistant. Elles ne doivent le jour qu'à la passion du moment et n'expriment que l'intérêt du plus fort ; aussi le pouvoir ou les pouvoirs qu'elles engendrent ne sont-ils que des pouvoirs de circonstance. Ils ne s'appartiennent pas, puisqu'ils ne reçoivent d'existence et de force que par le bon plaisir de volontés changeantes, placées en dehors de leur sein. Rien, par conséquent, n'est traditionnel chez eux : ils se suivent, mais ne se succèdent pas. Les sociétés gouvernées par ces chartes seront sans cesse inquiètes et mécontentes; elles poursuivront un avenir illusoire qu'elles ne pourront atteindre. Tantôt découragées, elles recevront servilement l'impulsion que le premier charlatan politique venu leur imprimera; tantôt passionnées, elles briseront le pacte social, et en appelleront à une nouvelle révolution, laquelle ne tardera pas à engendrer de nouveaux mécomptes et de nouveaux regrets.

C'est aujourd'hui le spectacle que nous offre la France de 1830. On crie après les électeurs, après les élus, après le régime représentatif. Ceux qui ont le plus contribué à l'établissement de l'ordre de choses actuel paraissent en être les plus dégoûtés. L'un dit qu'après tout, le peuple *n'y a rien gagné* (1). Un autre en veut à la classe intermédiaire, qu'il appelle *aristocratie bourgeoise et aristocratie d'argent,* et conclut par dire que la monarchie actuelle n'est qu'une *féodalité* (2). Un troisième, dans un éloquent et long article, énumère tous les griefs de la nation, et se plaint de ce que la révolution n'a amené aucun résultat heureux pour le pays; il

(1) *Un ouvrier.* — « J'ai brûlé de la poudre en juillet.... et ferme.
» Autant ce feu d'artifice qu'un autre.... Par exemple, c'est plus
» pour l'agréable que pour l'utile, les révolutions ; car tout ce que
» j'ai retiré des barricades des trois jours, ç'a été de brûler ma cu-
» lotte et de perdre ma veste. *Voilà ce que le peuple a gagné dans*
» *ma personne.* » (*Feuilleton du Constitutionnel, février* 1845.)

(2) *La Démocratie Pacifique, mai* 1845.

termine en disant : « *Le bras est mort, la tête travaille. Cherchons, car ce qui est s'en va ou n'est plus qu'une ombre* (1). » On n'en finirait pas s'il fallait enregistrer tous les désappointemens, plus ou moins chaleureusement exprimés, dont la plupart des instigateurs, auteurs et fauteurs de la révolution de juillet se plaignent amèrement. Je les crois de bonne foi ; mais ils peuvent être certains que s'ils étaient à leur tour appelés à prendre le timon des affaires, ils ne satisferaient pas davantage cette portion d'anciens camarades et amis dont ils se sont séparés. Ils ont anciennement et d'un commun accord combattu avec eux pour réaliser un plan imaginaire de gouvernement, basé sur la création d'une *souveraineté personnelle* sujette d'une autre *souveraineté* appelée *souveraineté du peuple,* que chacun comprend à sa guise ; puis ils ont cru pouvoir atteindre leur objet par l'établissement d'une charte. Mais ils n'ont pas vu qu'une charte ne peut pas expliquer ce qui n'est pas défini ; or, comme les expressions génériques de bonheur du peuple, liberté, égalité, ne définissent rien, et qu'elles n'expriment, tout au plus, qu'un but qu'on désire obtenir, quand on n'en fait pas toutefois les mots d'ordre d'un bouleversement politique, il n'est pas étonnant que les frères et amis de la révolution de 1830 se soient divisés dans l'application des idées générales que résumait leur utopie gouvernementale. On ne pratique que sur des faits connus, tels que des intérêts sociaux bien indiqués, bien apparens et unis entre eux ; mais on ne

(1) Le journal le *Courrier*, mai 1845.

peut que raisonner sur des idées. La toile ne se crée sous la main du tisserand que parce qu'il a pu saisir les fils qui servent à la tisser. Le bien-être d'une société ne s'obtient que lorsque l'autorité protectrice peut en quelque sorte voir et palper les divers élémens dont cette société se compose. Or, ces élémens ne sont autres que les divers intérêts qui, dans leur ensemble, résument toute la société ; mais eux-mêmes échappent à l'œil par leur multiplicité, s'ils ne se rattachent qu'à des individus isolés. Il faut qu'ils se groupent selon leur nature, et qu'ils puissent présenter des unités, aussi compactes que possible, formant un grand système d'organisation qui mette le législateur à même d'apprécier facilement les ressources et les besoins de tout le corps social.

L'instinct des sociétés exige donc qu'une telle organisation s'établisse peu à peu dans leur sein. C'est ainsi que, sous le rapport politique, elles sauront graduellement se créer des mœurs publiques qui la préserveront à la fois des dangers de *l'absolutisme d'un seul* et de l'anarchie qu'entraîne après elle *l'absolutisme de tous*, c'est à dire de l'essai toujours infructueux et toujours périlleux de l'application du principe de la *souveraineté du peuple*. Un pareil ordre de choses ne peut s'obtenir en un jour ; mais le législateur doit s'en occuper sans cesse. Ainsi que nous l'avons déjà dit, plusieurs considérations s'opposent à ce que le même genre d'organisation politique intérieure puisse être adopté par toutes les sociétés. Il faut avoir égard au caractère, aux habitudes, aux souvenirs historiques des individus qui composent chaque société, à leur état plus ou moins avancé de civilisation, à la position topographique de leur pays; mais rien n'empêche que les principaux intérêts sociaux ne s'y groupent pour leur bien-être et pour leur propre conservation, et qu'ils ne participent plus ou moins, selon leur importance, à la marche générale du gouvernement.

En l'absence de toute grande classification d'intérêts sociaux, la société retombe naturellement en confusion; l'esprit de parti prévaut, là où régnait l'esprit d'ordre. On se meut sous l'influence d'idées gouvernementales qui tantôt réunissent, tantôt séparent les individus qui les accueillent; on se bat aujourd'hui, on s'embrasse demain; on se dénigre les uns les autres, on se jette à la tête les mêmes reproches : tel est à peu près l'état de la France d'aujourd'hui, et il n'est pas difficile de prévoir que, tant qu'elle sera livrée à l'éclectisme religieux, à l'éclectisme moral et à l'éclectisme politique, tant que, par conséquent, règnera chez elle une confusion politique, morale et religieuse, les partis qui s'agitent dans son sein lutteront, se renverseront tour à tour *au nom du bien public*, et ne satisferont jamais que les vainqueurs du moment.

Je retourne à mon sujet.

Les observations que j'ai présentées plus haut, sur le principe de l'absolutisme d'un seul, ne sont que le développement des lignes qui se trouvent sur le même sujet dans le livre des *Etudes historiques*. On a vu sur quelle base j'asseois mon sentiment à cet égard. Cette base est toute religieuse, et l'on me permettra de croire qu'elle est un peu plus solide que celle qui s'appuie sur l'orgueil de nos philosophes modernes, et sur leurs élucubrations fantastiques. Aussi leurs chartes tomberont-elles en poussière, tandis que les paroles du Créateur resteront éternellement. Le livre divin qui les contient est la seule et véritable charte fondamentale du riche, du pauvre, du faible et du puissant. C'est sur ce roc que doivent s'élever, s'organiser et se fonder les sociétés; elles ne trouveront que là, stabilité, force et prospérité.

Telle est ma ferme croyance aujourd'hui, et telle elle a toujours été. Ne dois-je donc pas regretter et déplorer que quelques anciens amis politiques, avec lesquels j'ai combattu si long-temps pour soutenir ensemble les mêmes principes politiques et religieux, jugent convenable de me prendre maintenant pour le but de leurs attaques à l'occasion de ces mêmes principes. Lorsqu'une volonté royale, que je n'avais nullement provoquée, m'appela aux affaires, les personnes dont je veux parler ici vinrent d'elles-mêmes me trouver; je n'allai pas les chercher. Elles m'offrirent l'appui des feuilles publiques dont elles pouvaient disposer. Ces feuilles avaient défendu courageusement les principes monarchiques et constitutionnels de la chambre de 1815. Je l'avais fait également. Mes discours en font foi (1).

(1) « Ses discours (du prince de Polignac) à la chambre des pairs » sont les preuves que les plus généreux défenseurs du trône et des » Bourbons sont en même temps les avocats les plus éloquens des doc» trines constitutionnelles. Son langage est celui de l'honneur et de la » sagesse. » (*Journal des Débats* du 5 juillet 1819.)

Elles avaient attaqué avec force les doctrines anti-religieuses et anti-monarchiques que la faiblesse ou l'imprévoyance des premiers ministres de la Restauration avaient peu à peu laissé pénétrer dans la société. J'avais secondé leurs efforts; aussi le pouvoir, à cette époque, me fut-il toujours hostile. Divisées entre elles vers la fin de l'administration royaliste qui dirigea six années les affaires de la France, elles reprirent bientôt leur attitude d'opposition contre l'administration qui lui succéda, puis, à la chute de cette dernière, elles saluèrent de leurs vœux mon avènement au ministère.

Or, les principes qu'elles et moi nous avions défendus jusqu'en 1830, sont encore les mêmes que je défends dans le livre que j'ai publié. Ces principes y sont clairement posés et définis. Il est facile, en parcourant l'ouvrage, de s'assurer de l'exactitude de cette assertion (1).

Est-ce donc ma faute si les personnes auxquelles je fais allusion ont cru devoir quitter les positions qu'elles occupaient avant la révolution de Juillet. Est-ce ma faute si leurs doctrines politiques actuelles ne sont point d'accord avec celles qu'elles ont si long-temps et si constamment soutenues? Le reproche, je dois le dire, s'adresse principalement à la politique de la *Gazette de France*. En vain cette feuille publique s'efforce-t-elle de concilier son présent avec son passé. Où voit-on dans ce passé la pensée de l'appel qu'elle fait aujourd'hui à la nation en masse, sorte d'hommage adressé au principe de la souveraineté du peuple, pensée qui ne se rattache

(1) Voyez pages 168 et suiv. de l'ouvrage.

en rien, quoi qu'elle dise, à l'extension de capacités électorales que la chambre de 1815 avait en vue, mais qui ressemble plutôt à cet autre appel au peuple au moyen duquel la Convention réunissait ses assemblées primaires. Le système de réforme électorale de la *Gazette* consiste à laisser intervenir les masses dans les graves questions d'élection. C'était aussi le système du régime dominant de 92 *et* 93. On sait quels furent les événemens qui en suivirent l'adoption. Une pareille intervention, selon la *Gazette*, rallierait tous les partis et calmerait toutes les inquiétudes. Selon elle encore, c'était la mesure qu'eût dû adopter Charles X en faisant usage de l'article 14 (1). Ainsi ce journal ne craint point de remuer les passions, de les mettre en présence et d'évoquer les tempêtes pour arriver au repos. Il marche, peut-être, depuis 1830, avec ce qu'on est convenu de nommer les idées du siècle, mais en revanche il s'éloigne *de celles* qui l'inspiraient avant cette époque.

Un écrit qui rappelait les anciens principes qu'il avait soutenus, devait naturellement exciter sa bile; c'est ce qu'a fait aussi le livre des *Études polit. hist. et morales;*

(1) Voici en substance le projet de la *Gazette :* « Il fallait proposer » aux chambres une loi d'élection à deux degrés en donnant à *tous les* » *Français* le droit d'être électeurs : si la chambre des députés eût » repoussé cette loi, il fallait *avoir recours* à l'article 14 et faire un » appel à la France en mettant *en vigueur la loi proposée.* » (*Gazette de France*, 25 avril 1831.) — « En disant que le roi Charles X pou- » vait en appeler de cinquante mille électeurs, ou factieux, à trente » deux millions de Français, nous étions dans le vrai. » (*Gazette de France*, 8 décembre 1844.)

le mécontentement de la *Gazette* fut grand à l'apparition de ce livre, mais son embarras ne le fut pas moins ; car quelqu'habile qu'elle soit à rapiécer, puis à coudre ensemble les parties déchirées de divers systèmes politiques, elle ne pouvait guère heurter de front des doctrines qu'elle avait long-temps défendues. Or, les parties du livre qui provoquaient son indignation étaient toutes liées ensemble : les disjoindre devenait chose malaisée, car les unes étaient les conséquences nécessaires des autres. C'est ce qu'a reconnu avec bonne foi un des plus chauds adversaires de l'auteur (1). Que fit alors la *Gazette*? Elle prit un moyen terme, ce fut d'attaquer l'auteur sans rendre compte de l'*ouvrage* ; moyen peu loyal peut-être, mais au moins ingénieux, qui la dispensait de faire connaître le plan, la marche, le but de l'œuvre dont elle entretenait ses lecteurs, et qui lui offrait en outre la possibilité de ne fonder ses arrêts que sur des citations isolées, dont elle interprétait et torturait le sens à son gré.

La position que s'était faite le propriétaire de la *Gazette de France* le mettait, de plus, à même de diri-

(1) Cet adversaire, en parlant de l'auteur, dit : « Ses prémisses une » fois admises, il faut reconnaître que les conséquences qu'il en tire » sont rigoureusement logiques. Ce sont, si l'antithèse est permise, » des erreurs rationellement exposées. » (Le *Courrier de l'Europe*, du 22 février 1845. — Ce journal s'imprime à Londres. — L'article est signé *Jean Baptiste Desplace.*) Bien que tout le contenu de l'article d'où ce passage est tiré, révèle des tendances républicaines de son auteur, le style dans lequel il est écrit, quoique un peu vif, ne sort pas, il faut le dire, des bornes d'une louable convenance.

ger une double attaque à lui seul. Il avait en effet deux organes à sa disposition; Me Philippe Dupin les a publiquement signalés dans sa défense du *Journal des Débats* devant le tribunal correctionnel, au mois de décembre de l'année dernière. « Deux journaux, disait-il, appar-
» tiennent à M. l'abbé Genoude. Dans l'un, il prêche une
» *monarchie* à sa façon ; dans l'autre, il parle *républi-*
» *que*(1). » Cette assertion n'ayant pas été démentie par la partie adverse, nous pouvons nous en prévaloir; or, bien que le royalisme *de la Gazette de France*, et que le républicanisme de la *Nation* (nom de l'autre journal en question), fussent, nous l'avouons, un peu décolorés, il n'en est pas moins vrai que la commune réprobation dont ces deux feuilles publiques frappaient le livre *des Etudes*, semblait, en partant de deux côtés différens, réunir les opinions les plus opposées.

Que le propriétaire de la *Gazette de France* soit en même temps propriétaire de la *Nation*, cela nous est fort indifférent! Qu'il lui plaise de placer un pied dans un camp, et l'autre pied dans le camp opposé, cela peut sans doute gêner sa marche et lui donner une allure morale et politique que physiquement parlant on nommerait *claudication*, c'est encore après tout son affaire. Nous n'avons pas à nous en occuper; mais il n'en est pas de même lorsqu'à l'occasion d'un livre sorti de nos mains et dont il ne rend même pas compte, il prétend nous attribuer des doctrines et des intentions qui ne sont pas les nôtres, et qu'il veut justifier ses asser-

(1) Voyez le *Journal des Débats* du 7 décembre 1844.

tions par des citations tronquées extraites du livre même. Nous avons alors le droit incontestable de repousser de pareilles attaques, qu'elles partent de la main *droite* comme de la main *gauche* de l'agresseur.

A peine le livre *des Etudes historiques, politiques et morales* fut-il livré au public, que la *Gazette de France* donna le signal du combat : ses attaques contre l'auteur avaient néanmoins devancé sa connaissance du contenu de ce livre ; car ce ne fut que le 14 décembre 1844 qu'elle dit à ses lecteurs : « Nous venons de lire avec » attention le nouvel ouvrage du prince de Polignac, » et cependant ses numéros précédens du 8, du 10 et du 11 du même mois, faisaient déjà plus que pressentir la *patriotique* animosité que la lecture future de l'ouvrage en question devait plus tard exciter en elle. La modération que l'auteur s'est fait un devoir d'adopter à l'égard des hommes publics dont il parle, semble même irriter la *Gazette*. « M. de Polignac, dit-elle, se fâche contre » les principes, mais il est très bienveillant à l'égard » des hommes, *quel que soit le rôle* public qu'ils aient » joué (1). » Oui certainement, l'auteur s'est toujours efforcé d'être modéré, sans cependant cesser d'être vrai, car les nombreuses péripéties politiques dont il a été la victime dans le cours de sa vie, lui ont appris que, dans les grandes commotions civiles, l'homme, soit par la fragilité inhérente à sa nature, soit par une soudaine exaltation qu'il ne peut maîtriser, dévie quelquefois de la ligne de conduite qu'il eût désiré suivre. L'auteur

(1) *Gazette de France* du 14 décembre 1844.

a pu lui-même avoir aussi ses faiblesses, et si elles sont restées peu connues, c'est qu'un sentiment qui ne prend sa source que d'en haut, lui a sans doute donné la force d'en triompher à temps. Poursuivons :

Dans le but de faciliter à tous les moyens d'agression, et de mieux désigner comme point de mire l'auteur du livre réprouvé par elle, la *Gazette*, dans son style hyperbolique accoutumé, annonce à ses lecteurs, comme étant connu *de tout le monde*, un fait entièrement de son invention. « *Tout le monde* sait à présent, dit-elle, que » M. de Polignac a agi comme *un homme isolé*, et que » MM. de Peyronnet, Montbel et Guernon-Ranville n'ont » apposé leurs signatures aux ordonnances que parce » que M. de Polignac s'est *servi du roi* pour *l'exiger* » d'eux (1). » Supposition peu flatteuse, certes, pour mes anciens collègues. Or, plusieurs d'entre eux étaient plus anciens et plus expérimentés que moi dans les affaires; il s'en trouvait même un qui, pendant les six années consécutives que les sceaux de l'État lui furent confiés, avait eu plus d'une fois l'occasion de montrer la fermeté de son caractère (2). Tous enfin étaient hommes d'honneur; les circonstances du moment étaient graves; donc tout moyen quelconque de force ou de séduction

(1) *Gazette de France* du 24 décembre 1844. — L'article qui vient d'être cité se trouve *dans l'édition des provinces du jour*, mais non dans celle de Paris. Tactique souvent adoptée par le propriétaire du journal quand il a sans doute quelque motif pour annoncer aux provinces ce qu'il veut encore tenir caché à la capitale, et *vice versâ*.

(2) Le comte de Peyronnet.

ne pouvait qu'échouer devant eux. Ainsi, pour satisfaire son animosité toute gratuite contre l'auteur des *Études historiques*, le propriétaire de la *Gazette* taxe de *faiblesse* la conduite des collègues de l'ancien président du conseil, et en même temps accuse le souverain de captation ou de *despotisme* envers eux. Les nobles et modestes vertus de Charles X, bien connues de tous ceux qui ont eu l'honneur de l'approcher, la loyauté et les sentimens élevés des derniers ministres de ce souverain, feront facilement justice de semblables extravagances.

Ailleurs, la *Gazette* reproche au même auteur d'avoir *fondé son livre sur un principe* qu'elle repousse avec indignation, celui *du droit constituant du roi*. Or, il est bon de remarquer que le livre ne fait nullement mention de ce *droit constituant*, comme l'entend ici la *Gazette* ; il ne parle que du droit qu'avait Charles X, conformément à la Charte, d'interpréter l'article 14 dans le sens qu'il l'a fait. Cette vérité a été reconnue par nos adversaires politiques (1), et la *Gazette* elle-même a partagé cette opinion (2). On sait que dans une de ses œuvres, un auteur bien connu a dit : « *Calomniez, calomniez : la blessure se guérit, mais la cicatrice reste.* » C'est le conseil qu'a suivi ledit propriétaire de la *Ga-*

(1) Voyez chap. VII des *Études historiques, politiques et morales.*

(2) Dans son numéro du 28 *juillet* 1830, elle disait : « Quant à la *constitutionnalité des ordonnances du 25 juillet, elle ne peut être l'objet d'un doute.* » Elle disait encore dernièrement : « *Quant au pouvoir primordial prédominant* et *à l'article* 14 *de la charte de* 1814, *c'était le libéralisme qui l'avait fait.* » (8 *Décembre* 1844.)

zette; aussi sa polémique tombe-t-elle dans le domaine des personnalités : il harcelle l'auteur du livre des *Études,* dans quinze ou vingt numéros consécutifs de son journal. Il ne combat pas ses principes dont il ne parle même pas ; mais il lui prête hypothétiquement des intentions et des opinions dans le but de s'en prévaloir pour mieux diriger ses attaques et mieux enflammer les esprits contre lui.

C'est ainsi qu'il le représente comme partisan inflexible du *pouvoir absolu* (1), comme promoteur de *guerres civiles*, ne plaçant ses espérances que dans *la guerre civile,* ne voyant *de remède aux maux actuels que par la guerre civile* (2) ; on ne trouve rien dans l'ouvrage qui justifie de pareilles assertions ; le principe de l'absolutisme y est, au contraire, positivement condamné ; la guerre civile, *comme remède aux maux actuels qu'éprouve le pays,* n'y est nulle part ni conseillée ni approuvée ; on n'en fait même pas mention ; il y a mieux : le livre entier tient surtout à démontrer que tant que les principes philosophiques et politiques de 89 influeront sur la marche et le gouvernement des sociétés, celles-ci seront toujours en proie à des discordes intérieures, à des divisions intestines qui auront pour conséquences d'amener l'effusion du sang. L'auteur a signalé la présence du mal, pour, selon lui, en détourner le danger. Or, lorsque quelqu'un veut *prévenir un mal,* il est peu logique d'en conclure que *c'est parce qu'il en désire*

(1) *Gazette de France* du 18 déc. 1844, et 1er janvier 1845, etc.
(2) *Idem*, 14, 16, 18 et 21 décembre 1844.

les effets; d'ailleurs, il paraîtra sans doute extraordinaire que l'accusation dont il est ici question, parte d'une main qui, dans un livre intitulé : *Voyage dans la Vendée, avec l'épigraphe : Dieu et le Roi*, a cru, pour ainsi dire, devoir tracer à chaque page l'apologie de la guerre civile (1).

Je regrette réellement d'occuper si long-temps mes lecteurs des inventions maladives de la *Gazette ;* j'eusse, en lui répondant, été au secours de mon œuvre, si l'œuvre eût été attaquée par elle; mais il y a grande apparence qu'elle ne la connaît que de nom, quoiqu'elle daigne la qualifier d'*insensée* (2). Aussi s'en prend-elle uniquement à l'auteur; c'est donc l'auteur seul que j'ai dû défendre.

Je terminerai cependant, et n'entretiendrai plus mes lecteurs que de l'arrêt définitif que le propriétaire de la *Gazette* prononce contre moi. Selon lui, je n'ai *rien appris ni rien oublié* (3): paroles sonores, à l'usage de tous les partis, mais vides de sens; car en quoi consiste l'expérience, si ce n'est *à n'oublier pas ;* or, dans le siècle actuel, si fécond en grands événemens, *ne rien oublier, c'est beaucoup apprendre.* Nous comprenons que nos adversaires préfèrent jeter le passé dans l'oubli ; mais nous ne pouvons, en conscience, consentir qu'il en soit ainsi. Je ne sais si le propriétaire de la *Gazette de*

(1) Chez Méquignon fils aîné, rue des Grands-Augustins, 9, à Paris, seconde édition.

(2) *Gazette de France*, 23 décembre 1844.

(3) *Gazette de France*, 18 décembre 1844.

France a beaucoup *appris*; mais je dois croire que, fidèle au système qui sert de base aux reproches qu'il m'adresse, il aura probablement beaucoup *oublié;* je puis donc, sans aucune maligne intention, essayer de lui rappeler ici (ce dont il paraît ne plus se ressouvenir aujourd'hui), que c'est moi qui lui ouvris, en 1815, les portes de la carrière politique qu'il a depuis parcourue, et qui le recommandai chaudement alors à mes amis politiques, nommément au duc Mathieu de Montmorency, de qui lui est venue la concession du journal du soir *l'Étoile*, source réelle de sa prospérité ; à cette époque encore, il avait gardé la mémoire de cet amical patronage, car il me visitait souvent; il s'intitulait mon *aide-de-camp*, et cette habitude fut assez invétérée chez lui pour qu'elle prévalût encore long-temps après le moment où l'adversité qui vint me frapper me le rendit hostile (1). Je conçois aussi qu'il ait oublié que le 7 août 1829, au soir, il se trouvait chez moi, avec un de ses amis qu'il est inutile de nommer ici, et que, sans m'imposer aucune *condition* (comme il le prétend aujourd'hui) (2), je n'en eusse même pas reçu de Charles X, sans m'imposer, dis-je, aucune condition, il rédigea et transcrivit avec cet ami l'ordonnance de nomination des nouveaux ministres, qui

(1) C'est ce que prouve une lettre que cette même personne m'écrivit le 16 août de l'année dernière, 1844, laquelle lettre se termine par la phrase suivante, dont je n'ai pu bien saisir le sens. « Tout marche vers une *restauration générale*, et sans la *révolution* de 1830, » nous serions *morts* peut-être, sans espoir de *résurrection*.

» Votre ancien *aide de camp*, GENOUDE. »

(2) Voyez la *Gazette de France* du 25 décembre 1844.

fut signée par le roi et dont le contenu parut le lendemain dans le *Moniteur* du 8 août. Si, depuis cette époque jusqu'à la révolution de juillet, quelques pensées boudeuses se sont parfois emparées de lui, elles n'ont jamais été de longue durée : il s'éloignait pour revenir aussitôt; il savait, en effet, que j'avais tenté (ce qui lui tenait fort à cœur), de faire entrer M. de Villèle aux affaires ; mais que celui-ci avait refusé en donnant pour motif qu'il ne pouvait raisonnablement pas accepter un portefeuille, en présence de cette même chambre qui avait qualifié son ministère du terme de *déplorable*. Je rappellerai donc au propriétaire de la *Gazette*, qui l'a sans doute encore oublié, que, malgré ses petites bouderies, il fréquentait très souvent l'hôtel du ministère des affaires étrangères ; qu'il s'adressa même à moi pour lui faire rendre une pension dont j'ignorais l'existence, et qui lui avait été enlevée au ministère de l'intérieur ; je lui rappellerai enfin que le lundi 26 juillet 1830, jour auquel les ordonnances du 25 parurent dans le *Moniteur*, il fut le premier qui vint, de bon matin, m'exprimer sa vive satisfaction en termes que je ne puis oublier; car, en parlant des ordonnances, il ne leur donnait pas la dénomination de *coup d'État*, mais il les appelait un *coup de Charte*. Qu'il me soit donc permis, en terminant, d'offrir un conseil à mon ancien *aide-de-camp*, puisqu'il veut bien encore en conserver le titre : ce serait, désormais, d'être un peu plus exact dans le récit des faits qu'il présente, un peu plus logique dans l'enchaînement de ses idées, et d'agir avec un peu plus de justice et d'impartialité envers ceux-là surtout qui ne lui ont jamais *fait* ni *voulu* que du bien.

C'est une étrange idée qui poursuit quelques royalistes, disciples de la *Gazette de France*, que celle qui les pousse à croire qu'en empruntant le langage fallacieux des auteurs et fauteurs de la révolution de 1789, ils contribueront au succès de leur propre cause. Dans la crainte qu'on les taxe d'*absolutistes*, ils adoptent les grands mots de liberté, égalité, indépendance, sans les circonscrire dans des limites raisonnables, et donnent ainsi à penser qu'ils abondent dans les idées subversives de tout état social, que prônent leurs adversaires. Réussiront-ils à persuader ceux-ci ? J'en doute, car je vois que chaque fois que quelque position nouvelle se dessine fortement, on ne leur sait aucun gré de leurs concessions précédentes, et comme on n'ignore pas qu'étant gens de cœur et de conscience, ils ne pourront vouloir du chaos, on se sépare d'eux dès qu'ils deviennent inutiles, et on les écarte de toute participation aux affaires politiques : les événemens l'ont déjà plus d'une fois prouvé. Ces royalistes, en agissant ainsi, semblent ne plus avoir de foi dans le mérite des principes qui les ont anciennement dirigés. Ils accréditent la croyance, répandue avec tant de persévérance contre leurs amis, que le refus de leur part de s'incliner devant le principe de la souveraineté du peuple, implique nécessairement le désir de rétablir l'ancien régime avec son système semi-féodal. Il serait cependant aussi logique de dire à leurs adversaires, puisque vous voulez le maintien de la doctrine de la souveraineté du peuple à l'instar de vos devanciers de 89, vous voulez donc, comme eux, de nouveaux massacres de septembre, de nouvelles noyades de Nantes et de nouvelles mitraillades de Lyon et de Toulon.

Or, les personnes qui partagent et soutiennent avec le plus d'exaltation les principes de nos grands régénérateurs de 89, ne sont pas assez insensées pour ignorer que les lambeaux du régime féodal qui existaient encore avant cette époque, sont irrévocablement tombés en poussière, et que ce régime en France a disparu pour toujours; les terreurs feintes qu'ils témoignent à ce sujet, n'ont d'autre but que de rendre odieux leurs adversaires, de déverser sur eux la haine de la multitude et de les forcer insensiblement à changer de langage. Mais les concessions demandées, une fois accordées, n'ont pour effet que de jeter des doutes sur la bonne foi des personnes qui les font, Comme on connaît celles-ci pour être hommes religieux, amis de l'ordre, fidèles au vieux principe de la monarchie légitime, on peut difficilement croire qu'elles embrassent de leur plein gré les doctrines qui ont amené le renversement des autels, le désordre et l'effroi dans tous les rangs de la société, et l'assassinat juridique d'un roi sur l'échafaud.

Quand une société a été bouleversée de fond en comble, n'y a-t-il donc d'autres principes à adopter pour la reconstruire, que les mêmes principes qui ont servi à la détruire? Les excès de la révolution de 89 n'ont-ils pas découvert à nu la fausseté des doctrines de ses partisans; je sais, qu'encore aujourd'hui, quelques uns des sectateurs de ces doctrines prétendent expliquer ces excès par l'extrême corruption de mœurs qui régnait en France avant l'époque dont il est ici question. Un de mes adversaires politique, d'opinion républicaine, et dont j'ai déjà eu ci-dessus occasion de parler, maintient : « Que ces excès » sont dus à la corruption éhontée de la noblesse, à la » conduite licencieuse du clergé qui ont détruit une à » une les croyances du peuple ; le peuple a tout ren- » versé, ajoute-t-il, parce qu'on lui avait donné le droit » de tout mépriser (1). » Le tableau, certes, me paraît outré. Toute la noblesse n'imitait pas la conduite scandaleuse d'un maréchal de Richelieu ; tous les prélats n'étaient pas évêques d'Autun ; on a vu même un grand nombre de ces derniers mourir peu de temps après en martyrs aux Carmes et à la Conciergerie ; toutefois, je conviens en partie de la vérité de cette assertion : mais à qui la faute? si ce n'est aux doctrines philosophiques que les apôtres de l'athéisme propageaient alors dans toute l'Europe ; le poison qu'ils distillaient s'adressait à toutes les intelligences, petites et grandes, fortes et faibles ; ils flattaient tous les mauvais penchans, ils attisaient toutes les passions, ils ébranlaient toutes les croyances, ils jetaient dans les cœurs des germes de révolte contre toute autorité civile et religieuse. Comment s'étonner alors, qu'une fois soulevées au bruit de pareilles doctrines, les masses, jalouses de montrer leur force et d'exercer le pouvoir souverain, aient tout brisé dans leur enivrement? Mais si, comme le prétend l'adversaire auquel je réponds en ce moment, le peuple s'est alors levé pour venger l'atteinte portée aux mœurs pu-

(1) Le *Courrier de l'Europe*, du 22 février 1845. (Journal français, imprimé à Londres, rédigé par un Français.)

bliques, d'où vient, qu'une fois vainqueur, il s'est livré à des excès pires que ceux qu'il avait voulu réprimer? Pourquoi ces autels détruits, ces orgies républicaines insultant aux derniers soupirs des suppliciés? Pourquoi ces assassinats juridiques, ces flots de sang rougissant tous les fleuves français? Pourquoi ce culte païen accordé à des prostituées sous l'invocation impie de déesse de la Raison? Pourquoi enfin la reconnaissance publique des principes monstrueux qui autorisaient hautement ces hideux et sanglans résultats?

Des doctrines qui, par leur soudaine réalisation, engendrent d'aussi criminels excès, n'ont évidemment pas en elles la sagesse qu'il faut pour fonder les sociétés; elles ne font que les bouleverser; leurs terribles effets prouvent tout ce que l'homme, qui se prive des lumières d'en haut, a de pouvoir pour détruire et d'impuissance pour créer. Et, sous ce rapport, ces mêmes effets nous offrent d'utiles enseignemens; c'est à nous d'en profiter, c'est à nous de voir que le retour franc et sincère à des idées de moralité religieuse, peut seul nous donner les moyens de reconstruire l'édifice social sur des bases solides. Évoquer de nouveau les principes dissolvans de 89 et 92 pour lier les diverses parties de cette reconstruction, ce serait avoir recours, comme ciment, à la poudre à canon, dans la construction d'un édifice public. Une nouvelle explosion ne se ferait pas long-temps attendre.

Le philosophe chrétien trouvera dans l'accomplissement des préceptes de la morale divine, bien mieux que ne l'a trouvé le prétendu philosophe du XVIIIe siècle dans les lumières seules de sa propre intelligence, toutes les conditions de force et de bonheur qui font prospérer les Etats ; l'étude qu'il en fera lui apprendra à regarder le titre de chrétien comme le premier titre de l'homme, titre qui établit l'égalité de toutes les créatures raisonnables aux yeux du Maître du monde, et qui n'admet ici-bas d'exceptions conditionnelles que celles que semble réclamer un intérêt d'ordre et d'organisation intérieure dans le sein des sociétés, selon le caractère et les habitudes de ceux qui en font partie ; cette même étude lui fera connaître également que l'oppression n'est pas permise envers ceux qu'il nous est ordonné de regarder comme des frères ; que l'autorité civile doit se modeler, dans les sociétés, sur l'autorité paternelle, laquelle est toujours bienveillante et toujours protectrice ; enfin elle lui apprendra qu'un sentiment réciproque d'amour et de respect doit lier entre elles toutes les positions sociales : d'où je conclus que les sociétés n'ont besoin ni des principes anti-religieux du XVIIIe siècle, ni des chartes du XIXe pour s'organiser d'une manière libre et indépendante.

J'ai donc lieu de m'étonner qu'un journal qui, plus que tout autre, aurait des raisons pour faire ressortir les bienfaits d'une religion éclairée à l'égard des sociétés, semble s'inspirer de doctrines subversives de cette même religion. Pourquoi la *Gazette de France*, dans ses opinions politiques, semble-t-elle s'incliner devant les principes de 89 ? A-t-elle l'intention de travailler à la réalisation des utopies philosophiques du XVIIIe siècle ? Non, certes ; mais ne craint-elle pas alors de compromettre la loyauté de ses amis ? Ne serait-ce de sa part qu'une tactique dans le but d'attirer plus de soldats sous ses drapeaux? Je ne puis le croire; d'ailleurs cette tactique serait mauvaise; elle manquerait surtout de dignité. Quelle que soit la position dans laquelle on se trouve, on ne doit jamais promettre que ce que l'on sait pouvoir tenir. L'adversité a ses devoirs aussi bien que la prospérité, et c'est surtout dans les jours mauvais qu'il faut savoir être *soi*. Droiture de cœur et droiture de langage sont, plus qu'on ne le pense, deux puissans auxiliaires d'une bonne cause.

IV.

Passons, maintenant, au second chef d'accusation porté contre moi par mes adversaires politiques.

Je suis, selon eux, *hostile aux idées du siècle* (1). Cette accusation a été la source de toutes les attaques personnelles auxquelles j'ai été en butte jusqu'à ce moment. Pour pouvoir repousser ces attaques plus efficacement, je me vois forcé de débuter par soumettre à mes lecteurs quelques observations qui semblent, au premier abord, s'éloigner de mon sujet, mais qui, cependant, au fond, s'y rattachent réellement; car je dois dire que l'accusation banale d'être hostile aux idées du siècle,

(1) Ceux, parmi les publicistes français, qui ont attaqué le livre des *Études historiques, politiques et morales*, ont *tous*, plus ou moins vivement, reproché à l'auteur d'être *hostile* aux idées du siècle.

a procuré à mes adversaires *l'occasion* de formuler les jugemens divers qu'ils ont portés sur moi. Jugement sur les qualités ou défauts de l'esprit et du cœur, jugement sur les intentions, jugement sur des plans non encore projetés, jugement même sur des pensées non encore connues. Je me trouve donc ici dans le cas de légitime défense.

Un auteur, dans un ouvrage récemment publié (1) a pris plaisir de résumer dans les deux premiers volumes de son œuvre toutes les expressions de rancune et de colère que mes accusateurs lancent depuis quinze ans contre moi; je n'aurai garde de me justifier, car il déclare que tout ce que j'écris ne fait que m'incriminer davantage, attendu que je suis *une conviction profonde dans un corps faible* (2).

Or, comme je suis *hostile aux idées du siècle*, dit-on, je dois naturellement avoir en partage incapacité, étourderie, suffisance, faiblesse de cœur, d'esprit et de corps; demandez le plutôt à l'auteur de l'ouvrage cité plus haut; il le prouve maintenant en *deux* volumes, comme il l'a déjà prouvé en *dix* dans une prétendue histoire de la Restauration écrite précédemment par lui. Il me représente, de plus, comme un homme *fort entêté*; ici je dois me reconnaître coupable, car, depuis bientôt une quarantaine d'années, j'ai toujours soutenu, à mes risques et périls, les mêmes principes et le même drapeau; je puis donc

(1) *L'Europe, depuis l'avènement du roi Louis-Philippe*, par M. Capefigue.

(2) *Idem*, 1er vol., page 356, à la note.

d'autant plus facilement être convaincu *d'entêtement* par mes adversaires politiques, qu'ils n'ont certe guère à craindre que sur ce point on leur adresse un *reproche* semblable.

Si mes adversaires ont eu l'intention de me piquer au vif, ils doivent être satisfaits; car, attendu que la presse leur appartient aujourd'hui, attendu qu'ils se sont de plus emparés presque exclusivement du burin de l'histoire, mon portrait physique et moral ne peut manquer de passer à la postérité tel qu'ils voudront l'ébaucher; or, je ne puis qu'en être profondément contristé, je sais qu'ils excellent en caricature.

A quoi bon me servirait de chercher à me réhabiliter à leurs yeux, en m'étayant de leurs propres aveux? A rien; en voici la preuve : mes lecteurs peuvent se rappeler que dans le livre *des Études historiques, politiques et morales*, je leur ai présenté le tableau triste, mais exact, je crois, de l'état de désorganisation sociale dans lequel était tombée la France en 1830, par suite de la lutte acharnée entre deux principes opposés sous la Restauration, et de la prépondérance de celui des deux qui poussait au désordre pour obtenir la victoire. Or, il se trouve que le plus fécond historien d'entre ceux qui sont à la disposition de mes adversaires, celui dont la plume

Peut tous les mois, au moins, enfanter un volume,

s'est avisé de présenter un tableau absolument *semblable* au mien; il constate l'existence de la lutte entre ces deux principes; il peint avec force les ravages qu'ont causé dans le pays les machinations des sociétés secrètes, l'extrême licence de la presse, les constantes excitations à la révolte de la part des ennemis de l'autorité légitime, l'absence de sentimens religieux chez le peuple, etc.; il termine même par faire observer que, dans *un tel état social*, après seize années *de commotions et de fautes permanentes* (selon lui), *il eût fallu un miracle* pour que *le gouvernement ne succombât pas* (1).

Or, *ce miracle*, je ne l'ai point fait; d'autres l'eussent pu faire, je n'en doute pas. En effet, s'ils étaient les complices directs ou indirects, volontaires ou involontaires de l'état de choses que j'ai trouvé en arrivant aux affaires, ils eussent évidemment eu la force de tête nécessaire pour détruire leur propre ouvrage; mais si cet état de choses, au contraire, s'était établi malgré eux, qu'y aurait-il donc d'étonnant alors que je n'aie pu arrêter, à son apogée, un mal qui depuis sa naissance avait dans sa marche et dans ses progrès su braver leurs efforts? Au reste, j'ai consciencieusement examiné ailleurs la grave question qui se rattache au choix des hommes dont la couronne eût pu, à cette époque, invoquer le secours. Mettons-la de côté (2).

(1) De *l'Europe, depuis l'avènement du roi Louis-Philippe*. Voyez surtout les chapitres 3 et 7 du premier volume.

(2) Voyez *Etudes historiques, politiques et morales*, chap. VI. — Je ne reviens ici sur aucun des détails militaires relatifs à l'insurrection parisienne en juillet 1830, attendu que mes adversaires n'ont rien infirmé de ce que j'ai dit à ce sujet, dans le livre des *Etudes historiques, politiques et morales* (chap. VI, page 296 et suiv.). Au fait, la question se réduit à ceci : « Le nombre de troupes dont on

D'où viennent donc ces attaques injustes et passionnées qui révèlent la rancune et les malveillantes dispositions de quelques uns de mes adversaires à mon sujet? D'où viennent ces personnalités blessantes, ces épithètes offensantes dont ils se servent à mon égard sans prendre la peine d'examiner ni de discuter le fond des choses, ni même d'écouter les observations qu'on leur présente ? Je l'ai déjà expliqué ; je me répèterai :

« Je n'ignore pas, ai-je dit, que dans les grands » ébranlemens politiques, tout est butin pour la vic- » toire, tout sert de motif d'accusation aux regrets. » On s'enquiert peu *des causes*, on ne voit que *l'effet*, » parce que c'est l'effet qui touche, et que ce qui tou- » che est sensible (1). »

pouvait disposer au 25 juillet 1830 contre l'insurrection, était-il suffisant pour la comprimer dans le cas où *toutes* les troupes eussent rempli leur devoir ? » Or, le 13 vendémiaire a déjà résolu cette question ; car, à cette époque, l'insurrection était bien armée, organisée et commandée par des militaires expérimentés, et cependant les troupes qui la domptèrent étaient *trois fois* moins nombreuses que celles qui purent agir contre le mouvement insurrectionnel en 1830; tandis que ces dernières, quoique plus fortes en nombre, n'eurent guère en face d'elles plus de sept à huit mille hommes mal armés et nullement organisés, ainsi que le constatent les rapports du temps. (Voyez *Etudes historiques, politiques et morales*, chap. VI, page 321); mais au 13 vendémiaire les soldats furent fidèles à leur chef ; au lieu qu'en 1830 la ligne passa du côté des insurgés, ce qui désorganisa les moyens de défense, ébranla le courage des soldats restés fidèles, et provoqua de nouvelles défections. Tel est le véritable état de la question ; hors de là tout est commentaire et supposition.

(1) *Etudes historiques, politiques et morales*, chap. VI.

Dans de pareils ébranlemens, le parti vainqueur s'irrite contre la résistance qu'il a rencontrée dans l'exécution de ses desseins secrets; le parti vaincu a besoin d'un bouc émissaire qu'il puisse charger des péchés d'Israël. Le premier veut satisfaire sa vengeance; le second cherche à consoler son amour-propre. C'est dans la nature humaine.

Aussi échappe-t-il à un de mes antagonistes de s'écrier, avec l'accent de la vérité : « Les partis ont souvent » des épithètes injurieuses qui les dispensent *de toute* » *justice et de toute vérité* envers leurs adversaires. » L'auteur dont il est ici question joint la pratique à l'enseignement (1).

C'est un trait caractéristique de l'époque actuelle, que de voir tant de grands hommes improvisés, historiens, littérateurs ou autres, qui, bien que restés pour la plupart étrangers aux affaires, s'érigent tout-à-coup en faiseurs de réputation, et distribuent à leur guise les épithètes de *tête forte* ou de *tête faible*, avec l'assurance d'un tribunal sans appel. Leur oracle est infaillible. S'incline-t-on devant les grands mots de liberté, souveraineté du peuple, idées du siècle? *Tête forte*. Paraît-on douter de la valeur de ces mots, et surtout de l'efficacité de leur application actuelle pour le bonheur des sociétés? *Tête faible*. Se montre-t-on, au moment de la tempête, effrayé, inquiet du moindre risque que pourraient courir ces libertés nationales toujours désirées,

(1) Voyez l'*Europe, depuis l'avènement du roi Louis-Philippe*, tome Ier, page 277.

toujours appelées et jamais encore obtenues au gré de tous? *Tête forte.* Oppose-t-on, au contraire, à cette même tempête un front calme et serein qui cache aux regards du public les émotions du cœur? *Tête faible* Paraît-on enclin et disposé à plier devant la cause victorieuse? *Tête forte.* Veut-on conserver son front pur de toute humiliation? *Tête faible.* Il est facile, après l'événement, de venir apporter le tribut de ses critiques et de ses conseils; il est facile alors de choisir sa victime, d'accumuler, sans égard, sur elle toutes les fautes passées et présentes, et de la rendre responsable des terribles effets d'une désorganisation sociale telle que le *génie* le plus infernal n'eût pu la créer *à lui seul*, et telle cependant qu'on l'accuse de l'avoir provoquée par sa seule présence. Le ridicule que se donnent ces *jugeurs d'hommes*, étonne moins en France que dans le reste de l'Europe, non encore divisée, comme nous le sommes, en mille et un partis, toujours jaloux, envieux, rancuneux, et toujours se guerroyant, soit à coups de fusil dans les rues, soit à coups de plume sur le papier, avec force mensonges et force calomnies. C'est, après tout, une manière comme une autre de satisfaire les colères et les amour-propres, et d'activer le commerce des imprimeurs et des armuriers (1).

(1) J'appartiens aux *têtes faibles*, cela va sans dire : en vérité, je m'en console ; car si je jette les regards autour de moi, tant en France que hors de France, je me trouve en assez bonne compagnie. L'auteur du livre déjà cité plus haut (de l'*Europe*, etc.) a fixé ma place dans cette humble catégorie avec la perspicacité qui le caracté-

La grande erreur de nos prétendus hommes d'État est de n'avoir vu, en 1830, qu'une question de majorité et non une question sociale à résoudre. Là cependant

rise : pour démontrer surtout l'évidence de son jugement, il vient et revient *sans cesse*, par manière de reproche, sur mon *attitude et mon maintien* pendant les journées des barricades de juillet : ce maintien, selon lui, était *froid*, tranquille, *impassible*, presque confiant, et cependant l'orage grondait autour de moi ! L'auteur, qui sans doute ne s'est jamais trouvé compromis dans aucun événement politique grave et sérieux (car si je ne me trompe, fidèle partisan de la Restauration, et lui prêtant même l'appui de sa plume dans la *Quotidienne* et dans d'autres journaux, tant que le vent de la fortune souffla sur elle, il l'abandonna et la poursuivit de ses colères dès les premiers jours de son adversité ; en un mot, s'étant toujours rangé du côté du plus fort, il a dû toujours aussi échapper aux périls qui accompagnent un revers, et mériter ainsi la dénomination de *tête forte*); cet auteur, dis-je, peut naturellement ignorer qu'en face du danger, les traits du visage ne doivent jamais révéler les angoisses du cœur ; les terribles événemens que j'ai traversés dans ma vie ont plus d'une fois confirmé cette vérité à mes yeux : c'est à cette impassibilité apparente que j'ai dû, encore, d'avoir préservé mes jours peu après la révolution de juillet, lorsque arrêté seul dans une maison isolée à un quart de lieue de Granville, par une trentaine de jeunes *patriotes* exaltés et armés de pistolets et de poignards, je fus retenu deux heures par eux, et que pendant que quelques uns d'entre eux me posaient les questions les plus insidieuses, j'en entendais d'autres près de moi, se dire à voix basse : « Si nous pouvions obtenir de lui seulement une semi-preuve qu'il est la personne que nous croyons tenir, nous lui plongerions le couteau dans le cœur. » Mon sang-froid trompa leur espérance ; c'est ainsi que, mieux encore, lorsque le lendemain, mené prisonnier à Saint-Lô, et accompagné de deux membres municipaux de la mairie de Granville, je fus arrivé à Coutances, ville de Normandie, pour changer de chevaux de poste, et que la pon'était pas la difficulté : autrement elle eût été facilement levée. Il eût suffi de dire à la chambre : formulez votre demande et la couronne y obtempèrera ; mais ne fallait-il pas voir au delà de cette majorité acquise, en lui rendant les armes ? une fois maîtresse du terrain,

pulation qui, l'avant-veille, avait chassé de son sein toutes les autorités, tels que sous-préfets, maires et gendarmes, informée de mon arrivée par la malveillance, eut entouré promptement ma voiture en proférant des cris de sang, on vit un homme sortir du milieu de cette foule bouillonnante et vivante *image du principe de la souveraineté du peuple* dans toute sa pureté, et s'écrier aussitôt : « Soyez tranquille, *il ne nous échappera pas, je vais vous en défaire.* Le costume de cet homme ressemblait à celui d'un garçon boucher ; s'élançant sur les marches de la voiture dont il ouvrit la portière, il se présenta à nous sa main armée d'un large couteau, et cherchant sa victime d'un œil féroce ; j'étais assis sur le devant de la voiture, l'arme de l'assassin effleurait ma poitrine, le moindre mouvement qui eût décelé une crainte eût provoqué le meurtre, ce mouvement ne fut point fait, Dieu merci, mes compagnons imitèrent mon impassibilité, et l'homme, incertain, se retira en disant « *Je ne sais lequel frapper.* » Les chevaux étaient attelés, le postillon aussitôt les mettant au galop, enleva la voiture au moment où une voix se faisait entendre et conseillait au peuple de la renverser dans le but d'assurer sa vengeance : il est donc avantageux de savoir quelquefois cacher, sous un dehors tranquille, les pensées tumultueuses que font naître la présence d'un grand péril. — Je ne dirai plus qu'un mot sur l'auteur dont il est ici question et sur son livre. Dans son récit historique au sujet des journées de juillet, il donne le contenu de lettres au roi qu'il m'attribue et que je déclare n'avoir jamais écrites ; il me prête souvent un langage que je n'ai pas tenu ; il me fait adresser par quelques membres du corps diplomatique des paroles que je n'ai jamais entendues ; enfin, fidèle au système adopté par lui dans son premier libelle *historique* sur la Restauration, il fait plus qu'écrire l'histoire, *il l'invente.*

qu'eût-elle exigée? Les concessions faites précédemment n'avaient-elles pas déjà suffisamment affaibli le pouvoir royal? Quel bien en était-il résulté? Le pouvoir en était-il devenu plus populaire? Pouvait-on être assez aveugle, si les choses continuaient sur ce même pied, pour ne pas entrevoir la victoire prochaine d'un parti organisé, actif, battant en brèche le trône depuis long-temps, égarant méthodiquement l'opinion publique par des mensonges calculés et par des craintes simulées, poussant secrètement à la révolte sous le prétexte de conquérir une *noble* indépendance, et propageant l'impiété au nom de la *tolérance* religieuse? N'était-il pas constant que le principe monarchique, depuis quinze années, avait constamment perdu de sa force primitive à chaque changement d'administration, tellement qu'un membre du dernier ministère, connu par sa loyauté et son attachement à la couronne, s'était vu forcé d'avouer publiquement qu'on *marchait à l'anarchie*, et c'était en effet là qu'on voulait aller; car, ainsi que l'a révélé depuis un des organes les plus influens des ennemis du trône légitime, il n'y avait, « contre les
» Bourbons, *pour les cœurs indépendans*, qu'une seule
» attitude, l'*hostilité*. Toute la politique pour les jour-
» naux comme pour l'opposition dans la chambre, con-
» sistait à leur rendre tout *gouvernement impossible*
» afin qu'ils tombassent, et c'est par là, en effet, *qu'ils*
» *sont tombés* (1). »

Je crois avoir déjà démontré qu'aucune combinaison

(1) Voyez le *National* du 5 septembre 1830.

ministérielle, amie du trône, n'était possible en juillet 1830 (1) : fallait-il donc alors livrer la direction des affaires aux hommes de l'opposition qui seuls avaient la majorité, bien qu'on connût leurs funestes projets? 89 n'avait-il pas, autrefois, conduit à 93, malgré la volonté de la plupart de ceux-là même qui saluèrent de leurs vœux l'arrivée du premier de ces chiffres? Disons le donc, ce serait mal comprendre la position des choses que de ne voir dans les débats qui s'élevèrent en 1830, entre la chambre élective et le trône, qu'une simple question de majorité parlementaire ; cette question une fois résolue, la question sociale restait encore tout entière.

Ce fut au nom *des idées du siècle* que s'opéra la révolution de 1830; et de même qu'à l'aurore de la première révolution française, on prétendait flétrir de la dénomination d'*homme à préjugés* toute personne à qui répugnaient les principes de désordre qu'on propageait alors, de même, aujourd'hui, l'on déclare, *hostile aux idées du siècle*, tout individu qu'on sait ne pas approuver les doctrines de nos philosophes actuels; or, attendu que la propagation de ces doctrines me paraît de nature à compromettre le bien-être et la tranquillité des sociétés, j'ose franchement le dire, il est très naturel que ces philosophes me classent dans la catégorie des personnes *hostiles aux idées du siècle*; mais je m'inquiète peu des dénominations sous lesquelles on me désigne; j'aime, d'abord, à connaître ce qu'elles

(1) *Études historiques, politiques et morales*, chap. II, page 287.

signifient, puis à voir ensuite de quelle application elles peuvent être dans la circonstance : c'est donc ce que nous allons succinctement examiner.

Ainsi que je l'ai dit précédemment, mes adversaires me reprochent d'être *hostile aux idées du siècle.*

L'accusation ainsi formulée, il m'est difficile d'y répondre : je ne suis pas de ceux que les mots gouvernent ; je ne suis pas non plus de ceux qui admirent ce qu'ils ne comprennent point. J'entends sans cesse parler autour de moi *des idées du siècle* ; mais quelles sont donc ces idées qui commandent le respect de tous ? Ne peut-on les préciser, mieux définir leur objet, le but qu'elles doivent atteindre ? *Chaque siècle* n'a-t-il pas eu *ses idées*, si l'on peut toutefois dire *qu'un siècle a une idée ?* et prétend-on, quelque impropre que soit cette expression, s'en servir aujourd'hui pour attribuer aux hommes du siècle actuel une intelligence supérieure à celle que possédaient leurs devanciers ? Ce serait une grande erreur. L'homme est né également intelligent dans tous les siècles. Ses connaissances peuvent être progressives parce qu'il transmet aux générations suivantes, avec la masse des connaissances qu'il a reçues des générations passées, le fruit de ses propres recherches et de ses méditations ; mais son intelligence proprement dite ne peut point progresser, Dieu en a fixé les limites qu'il ne saurait jamais dépasser : les grandes conceptions comme les grands sentimens appartiennent donc à tous les temps ; il y a près de trois mille ans que brillait Homère et que les Machabées mouraient en sauvant leur pays,

Qu'il me soit donc permis ici d'interroger mes adversaires, et de leur demander à *quelles idées* du siècle préconisées par eux, ils m'accusent d'être hostile? Est-ce aux idées proclamées en 89? Mais une idée n'étant par elle-même qu'une conception insaisissable de l'intelligence, il est difficile d'en reconnaître le mérite et la valeur intrinsèque autrement que par ses effets ; or, les idées de 89 n'ont engendré que des bouleversemens et des désastres de tous genres ; les hommes qui les ont exploitées n'ont fait de la France, pendant leur passage au pouvoir, qu'un vaste cimetière : voudrait-on faire allusion aux *idées* qui leur ont succédé ; mais la période de temps qu'ont parcourue celles-ci ne rappelle que guerres heureuses et malheureuses au dehors, servitude et despotisme en dedans. J'avoue franchement n'avoir de penchant ni pour les unes ni pour les autres de ces idées, car je fais peu de cas du bon plaisir du *knout* ou du régime de *la guillotine*, et je suppose que mes adversaires, sur ce point, seront de mon avis.

Je passerai sous silence ici les années qu'a traversées la Restauration, car il est convenu que cette pauvre Restauration n'avait pas d'idées raisonnables qui lui appartinssent. Viennent donc ensuite les *idées* tant exaltées en France, depuis la révolution de 1830; mais si ce sont celles-là qu'on préconise si haut aujourd'hui sous la dénomination *d'idées du siècle*, je me permettrai de faire observer d'abord, qu'elles arrivent un peu tardivement dans le siècle auquel elles appartiennent, et en second lieu qu'elles ne paraissent pas avoir été assez favorablement accueillies par toute l'Europe, pour qu'elles puissent se croire en droit de prendre le titre pompeux *d'idées du siècle;* en effet, elles auraient tout au plus quinze années d'existence, et leur action un peu durable ne se ferait guère sentir encore qu'en Espagne, sur lequel pays cette action semble même déjà peser. J'omets de parler ici de la Belgique; car, ainsi que je l'ai expliqué ailleurs, sa révolution, en 1830, ne s'est faite ni par les mêmes causes ni dans les mêmes circonstances que la dernière révolution française. La Belgique, depuis peu d'années, était devenue l'apanage d'un prince étranger qui, par des mesures imprudentes, semblait menacer les sentimens religieux de ses nouveaux sujets. Une pensée religieuse surtout présida donc au mouvement politique qui, alors, éclata en Belgique; ce fut-elle qui prévint les excès que cette révolution pouvait occasionner, et tant que la même pensée dominera les affaires de ce pays, il conservera son indépendance et sa tranquillité. En France, au contraire, en 1830 l'hostilité contre la religion était manifeste, et les droits des Bourbons au trône étaient consacrés par neuf siècles de possession glorieuse et utile pour le pays.

Mais quand bien même on conviendrait d'appeler *idées du siècle* les idées qui prirent naissance à la révolution de juillet, je serais toujours en droit de demander qu'on les formulât d'une manière intelligible, car comment puis-je raisonnablement supposer que les mêmes idées inspirent également amis et ennemis? Certes, rien de plus opposé, sous le rapport politique et religieux, que les sentimens exprimés journellement par les *Débats*, par la *Gazette de France*, par le *Na-*

tional, le *Globe*, le *Siècle*, le *Courrier*, et autres journaux du jour; or, toutes les feuilles publiques précitées, et leurs adhérens, invoquent constamment *les idées du siècle*, en appellent *aux idées du siècle*, désirent avec ardeur de voir se réaliser *les idées du siècle;* mais si ces idées présentent le même sens, d'où vient que tous ces champions des idées du siècle ne s'embrassent pas les uns les autres ? Et puisqu'on les voit, au contraire, toujours se guerroyant, il est naturel de supposer que les lumières que lancent ces idées ne sont nettes pour personne, qu'elles éclairent chacun comme il prétend l'être, et qu'en définitive on n'y voit que du feu. Suis-je donc si coupable, moi, *tête faible*, de ne pouvoir me rendre compte de ce que tant de *têtes fortes* semblent ne pas comprendre davantage que moi? Tant que celles-ci, quelle que soit l'opinion à laquelle elles appartiennent, prêcheront les mêmes idées que leurs adversaires pour atteindre un but différent, je ne pourrai m'empêcher de reconnaître, qu'en fait de politique, il y a *des niais* grands génies, comme *des niais* pauvres d'esprit.

Nul doute que tant que, s'adressant au peuple, on ne lui parlera de ses intérêts qu'en termes généraux, qu'on ne lui présentera aucune idée claire, précise, d'où puisse surgir un plan dont l'application soit facile à saisir et d'une utilité réelle, nul doute, dis-je, que des âmes ardentes, des imaginations vives, des ambitieux, exploiteront à leur gré les passions de la multitude, et qu'ils entretiendront dans son sein une inquiétude fiévreuse par suite de la non réalisation d'un bien à venir qu'on lui montrera toujours en perspective, et dont l'obtention est chimérique. Or, une société ne vit point d'illusions; elle se fonde sur des réalités; c'est ce qui fait qu'il est absurde de prétendre appliquer à tous les peuples les mêmes maximes gouvernementales; car ces réalités ne peuvent être les mêmes dans tous les pays, puisque les besoins, les intérêts des sociétés varient à l'infini selon le caractère et les mœurs de leurs membres.

L'erreur de beaucoup de nos législateurs modernes (je veux parler ici de ceux qu'anime un sincère désir du bien), est donc, ce me semble, de généraliser des idées dont la réalisation ne peut être tentée sans risquer d'ébranler les sociétés jusque dans leur base; tandis qu'en réduisant quelques unes de ces mêmes idées à des proportions moins gigantesques, leur réalisation partielle pourrait s'effectuer sans danger et avec une incontestable utilité dans chaque société; en un mot, il faudrait, à mon avis, s'occuper moins des conditions d'amélioration qu'on doit faire *subir* à toutes les sociétés, mais songer davantage à celles qui peuvent convenir à la société à laquelle chacun de nous appartient. Or, les conditions d'amélioration dont il est ici question ne sont autre chose que l'introduction d'un mieux *progressif* dans les mœurs politiques et publiques d'une nation; mais ces améliorations doivent s'opérer graduellement, sans quoi elles causeraient des commotions intérieures qui briseraient le nœud social. Le temps les amène insensiblement, car les sociétés, comme les hommes, marchent avec les siècles: aussi peut-on dire avec vérité qu'on ne crée point les mœurs d'une société: elles se font; elles résultent de lois domestiques non écrites, que mille circonstances diverses ont peu à peu introduites dans son sein ; ces lois invisibles et inexpliquées influent toutefois fortement sur les habitudes des membres d'une société ; elles règlent leurs désirs, leurs pensées. Elles vivent, pour ainsi dire, inaperçues à côté d'eux ; les lois écrites seraient sans force si elles les contrariaient, car celles-là ont *la tradition* pour elles, c'est à dire la puissance et la majesté des souvenirs, dont toute société, sous peine de périr, doit savoir respecter la grandeur.

Mais ces lois domestiques non écrites sont, elles-mêmes, soumises à des modifications graduelles ; il n'y a ici-bas, en effet, que la religion d'immuable, parce qu'elle est l'expression d'une volonté éternelle ; ce sont ces modifications plus ou moins sensibles qui amènent imperceptiblement des changemens dans les mœurs d'une nation ; c'est au législateur à en profiter dans un but d'intérêt public ; c'est à lui, quand elles sont utiles, à en constater la présence par des actes qui leur donnent une forme apparente et légale, lesquels actes ne font que reconnaître, déterminer et rendre patent un état de choses préexistant dans la société ; ainsi se forment peu à peu les *institutions politiques* d'une nation ; et comme ces institutions portent l'empreinte des mœurs de la société à laquelle elles appartiennent et qu'elles sont l'ouvrage du temps, elles sont autrement durables que ces *chartes* engendrées en un jour, dont nos législateurs modernes vantent si haut les bienfaits. Une *institution politique* est l'œuvre réfléchie de toute la société ; une *charte* est l'œuvre spontanée de quelques uns, qui a pour but de dominer la société : ce sont des *institutions*, faites progressivement, qui règlent la marche du gouvernement anglais; c'est une charte, ou kyrielle d'articles improvisés, qui préside aux destinées de la France; les premières servent toujours de tradition au passé d'une nation; les secondes au contraire effacent les souvenirs de ce passé; celles-ci recommencent une société, celles-là la continuent. Aussi la société que régit la charte a-t-elle le mouvement fébrile de l'enfance; l'autre, le pas ferme et réglé de l'âge mûr.

Une société sans tradition, sans souvenirs, est une société encore au berceau. Elle manque d'expérience, car l'expérience ne s'acquiert que par l'étude du passé. Elle n'est reçue qu'avec réserve au banquet des autres sociétés, puisqu'on ignore encore quelles seront ses dispositions futures et qu'on attend leur développement. Une telle société doit nécessairement être et rester *longtemps* isolée; elle n'a pas non plus à offrir à ses membres ces exemples de dévoûment, de courage, de sagesse et de vertus, dont le récit fait palpiter le cœur, embrase l'imagination, et inspire les âmes fortes et généreuses. Derrière elle est le néant; devant, le jour commence à peine à luire. Aussi, quoi qu'elle fasse, sa marche ne peut qu'être incertaine; faute de connaissance de la vie, elle prendra la violence pour la force et de vains mots pour des réalités.

C'est, cependant, dans un état semblable d'enfance et d'ignorance que nos régénérateurs de 89 nous ont précipités au nom du progrès des lumières; ils ont éteint chez nous le flambeau des temps passés: lois, usages, institutions, croyances politiques et religieuses, ils ont tout jeté pêle-mêle, avec une monarchie de neuf siècles, dans les fosses sanglantes de la barrière du Trône; ils ont voulu éteindre dans nos cœurs le souvenir des époques glorieuses de notre histoire dont nos pères nous avaient transmis la mémoire. Un de leurs chefs connut mieux qu'eux les ressorts secrets du cœur humain; lorsque l'étranger menaça la France, Bonaparte, s'adressant à la population septentrionale de ce pays à laquelle il confiait la défense des frontières, ne leur disait pas, dans une de ses proclamations, habitans de l'*Ille-et-Vilaine*, de *la Manche et de l'Ain;* mais, cherchant à ressusciter dans leurs cœurs les vieux souvenirs du sol de la patrie, il les appelait alors *Bretons, Normands et Bourguignons!* L'Assemblée nationale, la Constituante et la Législative, toutes trois dignes sœurs d'une même mère, et mères à leur tour d'une même et digne fille, la Convention nationale, ne se contentèrent pas de briser les souvenirs qui se rattachaient au sol de la France, elles voulurent détruire aussi dans les familles ce culte sacré que l'enfant porte à la mémoire de ses pères. Tout individu qui pouvait se rappeler *avoir eu* un aïeul ou un bisaïeul, était déclaré *mauvais citoyen.* La Convention fit, plus tard, expier sur l'échafaud ce péché originel d'un nouveau genre.

Il ne faut pas croire que cette ridicule guerre contre des noms propres ait encore entièrement cessé de nos jours. Les résultats ne sont pas aussi cruels, mais le but n'en est pas moins absurde : on sait que je ne crains point de dire hautement mon opinion ; je demanderai donc à tout Français sain d'esprit, comment il se peut faire qu'une famille qu'on sait avoir sans interruption de père en fils habité la France depuis plusieurs siècles, mérite, par le fait seul de cette longue habitation, de porter, sur son front, un stigmate de réprobation? Mais les souvenirs n'entretiennent-ils donc pas l'attachement? Aime-t-on moins parce qu'on a long-temps aimé? Et ne serait-il pas à désirer, au contraire, que tous les Français pussent prouver qu'ils sont compatriotes depuis dix siècles et plus? Certes, ils seraient plus unis. Enfin, faut-il après tout que je vous sois hostile parce que vous vous rappelez le nom de vingt de vos aïeux, et que je n'ai gardé la mémoire que d'un ou deux des miens: ce qu'il y a de certain et ce que vous ne pouvez nier, c'est qu'en définitive j'en ai autant que vous. Cela me suffit.

Mettons donc de côté ces puérilités d'amour-propre au sujet de l'ancienneté des familles : si cette ancienneté entretient ou réveille dans le cœur de vieux souvenirs qui servent de mobile à de belles et grandes actions et engendrent des sentimens nobles et dignes de l'estime publique, nul doute qu'elle puisse être utile au pays ; mais dans tous les cas, bien fou qui s'en vante, bien sot aussi qui s'en offense : or, laissons en paix ces deux sortes de gens, car la sottise et la folie sont des maladies morales dont on guérit rarement.

J'ai établi plus haut en quoi différait l'*institution politique* de la constitution écrite ou *charte* : celle-ci n'est que l'expression de la volonté de ceux qui la rédigent ; l'autre est, en quelque sorte, la légalisation d'un fait qui se passe dans la société et qui est déjà reconnu par elle. Ce fait peut se modifier; l'institution politique, alors, se modifie également, mais sans secousse et sans perturbation. A chaque siècle, chaque mœurs; si en 1789 on eût procédé par la voie des améliorations au lieu de procéder par la voie des destructions, nous eussions agi utilement pour le pays, et nos institutions eussent progressivement atteint ce complément que nous attendrons en vain tant que la société française sera en proie à l'agitation qui la domine aujourd'hui. Les institutions politiques présentent des réalités, car elles se fondent sur des intérêts préexistans. Les chartes ne reposent que sur des fictions, car elles sont l'ouvrage de croyances ardentes, exaltées, qui portent en elles ce cachet d'erreur et d'instabilité qui est propre au sentiment d'excitation qui les a produites : aussi les chartes n'apparaissent-elles qu'aux momens des grands désordres politiques ; aussi se méprennent-elles sur les véritables intérêts de la société ; car, sous leur empire, l'*opinion publique* seule se fait entendre, le *sentiment public* se tait et reste ignoré : or, ces deux organes de la société ne sont point une et même chose.

Le *sentiment public* exprime un fait social et visible, tel que le bien-être ou le malaise, l'abondance ou la détresse, la crainte ou la confiance. Il indique, sans bruit de paroles, sans mouvemens convulsifs, mais d'une manière vraie et certaine, l'état réel de la santé morale et matérielle de la société ; il met de côté les hommes et ne s'occupe que d'intérêts ; il ne révèle de souffrance que lorsqu'il en peut démontrer la cause et le remède. Le sentiment public n'est en un mot que l'écho fidèle, non des volontés divergentes des membres de la société, mais de ce que cette société éprouve et sent réellement.

Il n'en est pas de même de l'*opinion publique*, laquelle n'étant, pour la plupart du temps, que l'opinion particulière de quelques uns des membres les plus remuans du corps social, ne repose souvent que sur une erreur brillante, revêtue des dehors de la réalité et propre à séduire la multitude toujours amoureuse de nouveautés. Ainsi généralisée, cette opinion donne bientôt une apparence d'existence à tout ce qui n'en aurait pas sans elle; soumise aux impressions du moment, elle est de sa nature mécontente, frondeuse, changeante et passionnée; elle aspire sans cesse à une amélioration imaginaire ; elle s'agite pour l'atteindre, s'irrite contre toute résistance , et si le hasard la fait frapper juste, elle exagère le mal qu'elle dénonce et l'envenime au lieu d'y porter remède.

Ce qu'on nomme *opinion publique* sert plutôt à caractériser les fluctuations morales d'une société qui tend à se désorganiser ; tandis que le *sentiment public* éclaire sur les véritables intérêts du pays, en indiquant la plaie qui peut mettre en danger la société. La force factice de la presse sert d'aliment à la première ; cette force a peu de prise sur l'autre.

A l'opinion publique, donc, l'erreur et l'emportement; au sentiment public la confiance comme la vérité, mais point de connaissance exacte du sentiment public, si ce n'est par l'intermédiaire d'intérêts sociaux groupés, organisés, représentant plusieurs unités, dont chacune n'est qu'une partie aliquote d'un tout qui est la société tout entière ; car ce sentiment public, exprimant un fait, ne peut s'inspirer que de la présence d'autres faits. Or, ces diverses unités, ainsi groupées, ont une existence réelle ; elles se meuvent dans leur orbite respective, elles savent apprécier ce qui leur est utile ou nuisible ; le passé leur sert d'expérience ; elles calculent leur avenir ; les habitudes d'ordre et de prévoyance qu'elles contractent dans l'intérêt de leur propre conservation, se répandant ainsi dans l'ensemble du corps social, procurent à toute la communauté une force et une stabilité qu'elle chercherait en vain ailleurs ; et ce sont les rapports, tout imparfaits encore qu'ils puissent être, qu'ont entre elles ces diverses unités, que définissent, établissent, modifient et perfectionnent progressivement les *institutions politiques* d'un État.

Confiante dans les utopies présentées habilement par quelques sophistes ambitieux, la France, depuis un demi-siècle, a follement prodigué son énergie, non à amender ce qui existait, mais à tout niveler, tout détruire chez elle. Aussi la société qu'elle renfermait dans son sein s'est-elle promptement désorganisée, et l'on peut dire que cette société, guidée par d'imprudens et hardis novateurs, a insensiblement quitté le rang et la position qu'elle occupait anciennement, comme nation pour prendre le rang et la dénomination de *peuple*. Or, grande est la différence entre les conditions qu'expriment ces deux situations politiques. La *nation* offre une réunion d'intérêts particuliers bien définis et groupés entre eux dans un but d'intérêt commun. *Un peuple* n'est qu'une agrégation d'hommes isolés les uns des autres, renfermée dans la même délimitation territoriale, et mue par l'intérêt ou la volonté du moment. *La nation* représente une grande famille, *le peuple* une nombreuse assemblée. Un besoin d'union dirige la première; l'esprit de parti agite l'autre. *Le peuple* plus impressionnable, est aussi plus entreprenant, mais la *nation*, plus calme, est plus prudente et mieux avisée. Enfin, les actes *d'un peuple* peùvent avoir plus d'éclat, mais ceux d'une *nation* ont toujours plus de durée, car les premiers sont le plus souvent le résultat d'un mouvement passionné, et les seconds la conséquence d'un sentiment raisonné. Aussi, à celui-là la force qui brise et qui détruit; à celle-ci la puissance qui domine et qui maintient. Bonaparte était le chef *d'un peuple;* Louis XIV fut le roi *d'une nation.*

Je conclus de toutes les observations présentées ci-dessus, que cet appel continuel fait par tous les partis *aux idées du siècle,* dans le but, disent-ils, d'opérer le bien-être des sociétés, ne pourra au contraire qu'y entretenir le désordre; pour les uns, c'est un moyen de propager des doctrines anarchiques qu'ils n'osent pas encore professer tout haut; pour d'autres, c'est un mode caché d'attaque contre des adversaires dont ils ne veulent pas maintenant heurter de front les principes; tout en invoquant les idées du siècle, les uns et les autres se déclarent et se font la guerre. Puis-je donc avoir foi dans les qualités conservatrices d'une poudre à canon morale à l'usage de tous les combattans?

V.

En résumé, il est inexact de dire que le livre des *Etudes historiques, politiques et morales* prêche l'absolutisme, puisqu'il combat, au contraire, et rejette ce principe comme étant opposé à la loi de Dieu,

Il est faux de prétendre que ce livre pousse à la guerre civile, puisque son but est de ramener les sociétés à un état de paix et de tranquillité intérieure dont les principes philosophiques du XVIIIe siècle les ont arrachées violemment.

Enfin, il est absurde de reprocher à l'auteur du même livre d'être hostile aux idées du siècle, puisque ces idées étant interprêtées de diverses manières et souvent contradictoirement, et, servant de symboles politiques à l'usage de tous les partis, n'expriment par conséquent aucun sens clair et précis, et qu'on ne peut être *ni hostile ni favorable* à une conception vague de l'esprit, qui échappe à la compréhension.

Mon intention, en écrivant les *Etudes historiques*, a été de rechercher les vraies causes du mouvement social qui s'est opéré vers la fin du XVIIIe siècle, et de démontrer que ces causes étaient primitivement morales et religieuses plutôt que politiques, et que la haine contre la religion avait précédé la haine contre les couronnes. Les philosophes révolutionnaires du XVIIIe siècle n'ignoraient point en effet que la foi politique meurt dès que la foi religieuse est éteinte. L'événement prouva la justesse de cette prévision. Ils travaillèrent plus d'un siècle à détruire la foi religieuse dans le cœur des peuples ; mais deux années leur suffirent pour renverser de fond en comble le plus puissant et le plus beau trône du monde.

Mon intention a été de démontrer, en même temps, que toute société qui, dans un délire impardonnable, substitue à la sublime clarté des lumières d'en haut la lueur vacillante et trompeuse de la raison humaine, se rend esclave de ses passions, tombe dans un hideux matérialisme, et n'éprouve bientôt plus que les instincts honteux et sanguinaires de la bête féroce. C'est ce qu'attestent les sanglans épisodes de la première révolution française. Or, comme une telle société a rejeté son Dieu, le Tout-Puissant la rejette à son tour, et, pour châtiment, l'abandonne à ses propres fureurs. Cette observation, plus ou moins applicable à l'histoire de tous les peuples, a singulièrement ému la sensibilité nerveuse de nos philosophes d'aujourd'hui : « *Pourquoi*, me di-» sent-ils par la bouche d'un de mes adversaires, pour-» quoi parler si souvent de *la justice divine? Pourquoi* » *mêler ce grand nom de Dieu à tous nos débats* (1)*?* » Pourquoi ? C'est que cette justice divine se révèle partout où on la cherche ; c'est que ce grand nom de Dieu se trouve pour ainsi dire gravé sur tout ce que renferment le monde physique et le monde moral ; c'est que le Souverain Maître que ce nom exprime a créé tous les objets visibles qui vous entourent ; que c'est encore lui

(1) La *Revue indépendante*, tome XVIII, janvier 1845.

qui vous a donné l'intelligence pour vous aider à comprendre la double essence de votre être, terrestre comme homme, et éternel comme étincelle émanant de la Divinité créatrice, et, sous ce double rapport, devant sans cesse être pénétré de sentimens d'admiration, de respect et de reconnaissance. « Mais, continuent ces mêmes philosophes, vous reconnaissez la main de Dieu dans ces coups sous lesquels ont succombé certains représentans des idées modernes : pourquoi ne la verrions-nous point dans ces grands désastres qui ont atteint vos vieilles familles et votre antique dynastie (1)? » Le publiciste qui me tient ce langage a confondu ce qui, dans l'ordre moral, est *épreuve* et *punition*. Le Tout-Puissant, ici-bas, *enseigne*, *éprouve ou punit* l'homme. *L'épreuve* est pour les bons, la *punition* pour les méchans, *l'enseignement* pour tous. L'épreuve est pour les bons, car l'immortalité de notre âme nous assurant des récompenses comme des peines à venir, nous devons mériter ces récompenses. Or, pour mériter, il faut combattre; de là les maux répandus sur notre courte existence, lesquels servent à faire éclater nos vertus et à révéler celles des autres. Si la vie était sans épreuves, où serait le courage? Et si nos jours s'écoulaient sans souffrances, où serait la charité? Les maux sont donc communs aux bons comme aux méchans; mais ils arrivent aux premiers comme *épreuve*, aux autres comme *avertissement et punition* à la fois. Ce qui distingue l'épreuve de la punition, c'est la pureté d'intention de ce-

(1) *Revue indépendante*, ibid.

lui qui y est soumis. Dans le cas présenté par l'adversaire auquel je réponds, je vois deux victimes de nos fureurs révolutionnaires tomber sous le fer du bourreau : l'une (Louis XVI), brillante de vertus ; l'autre (Robespierre), hideuse par la multitude de ses crimes ; je puis donc dire : à la première victime appartient *l'épreuve*, à la seconde la *punition*. Quant à ces vieilles familles dont parle le même adversaire, je suis porté à croire que, s'il y a eu épreuve pour quelques unes d'entre elles, il a pu y avoir punition pour d'autres. Ce que nous venons de dire plus haut est applicable aux nations comme aux individus : Dieu les enseigne, les éprouve ou les punit. Qu'une nation succombe dans une guerre injuste que lui auront suscitée ses voisins, c'est une épreuve que le Tout-Puissant lui envoie ; mais qu'elle se révolte contre son Créateur, qu'elle blasphème son nom, répudie son culte, abandonne sa loi, tous les malheurs qui pèseront alors sur elle seront un juste châtiment de son iniquité. Il faut déchirer les pages de nos Livres saints, si nous voulons nier la présence invisible de Dieu dans les événemens d'ici-bas ; car ces livres nous apprennent que le Tout-Puissant, par la bouche de ses Prophètes, enseigna plusieurs fois son peuple favori ; qu'il le reprit, le menaça, lui prédit sa captivité, sa dispersion ; qu'il annonça au monde la venue d'un *Messie*. Ces saints Livres nous apprennent aussi que *l'homme-Dieu*, pour rendre plus sensible encore et pour mieux expliquer à ses disciples la réalité de cette présence mystérieuse sur la terre, leur dit que les *cheveux* de leur tête étaient *tous comptés*, et qu'un *passereau* même n'était pas en *oubli* devant Dieu (1). Loisible donc aux déistes, aux panthéistes, aux philosophes de tous genres de repousser la croyance de nos pères ; mais qu'ils l'adoptent ou qu'ils la rejettent, ils ne peuvent, dans aucun cas, la façonner à leur gré.

Mon intention dans ce même livre et dans l'écrit que je publie aujourd'hui pour lui servir de complément, a aussi été de mettre au jour l'absurdité de quelques unes des utopies politiques enfantées par le cerveau malade de nos sophistes révolutionnaires de 1789, et plus particulièrement de celle qui repose sur *la doctrine de la souveraineté du peuple*, doctrine qui n'est propre qu'à enflammer les passions, qui ne porte dans son sein qu'une puissance destructive, et qui n'a été, n'est et ne sera jamais qu'un leurre jeté à la multitude, puisqu'elle est sans application possible, qu'on ne l'ignore pas, et qu'on la proclame néanmoins comme base fondamentale de toute société. En effet, *cette souveraineté du peuple*, prônée si haut par les prétendus régénérateurs du siècle, n'a rien de réel ; elle n'est autre chose qu'une *oligarchie* créée au profit de quelques ambitieux ; car, ainsi que je l'ai prouvé, la multitude ne peut faire acte de souveraineté que dans les rues, dans les places publiques, et presque toujours sous l'impression d'un sentiment de colère. Pour obvier aux dangers de ces réunions tumultueuses, on fait nommer des délégués au peuple. Or, déléguer, pour lui c'est abdiquer. « Dans » les anciennes républiques et monarchies, » s'écrie un

(1) Saint-Luc, chap. 12, vers. 6 et 7.

écrivain dont l'immense talent n'a eu que trop d'influence sur la marche des événemens vers la fin du dernier siècle, « dans les anciennes républiques et monar» chies, jamais le peuple n'eut de représentans ; il » agissait pour lui-même..... Se donner des représen» tans, c'est *perdre sa liberté.* Le peuple *n'est plus* (1). » Certes, ces paroles ne sauraient être suspectes aux défenseurs du principe dont il est ici question, et elles sont tellement palpitantes de vérité, que le principe de la souveraineté du peuple a forcément dégénéré, comme je viens de le dire, en une misérable *combinaison oligarchique ;* il y a oligarchie dans *l'élection*, oligarchie dans les *pouvoirs législatifs*, oligarchie dans la puissance *gouvernementale ;* c'est à dire qu'il y a partout mensonge au principe que l'on prétend établir, et c'est ainsi qu'on abuse de la crédulité du peuple, tout en invoquant son nom !

Pour consacrer d'aussi beaux résultats on a eu recours à la création *de chartes ou constitutions* improvisées ; mais ces filles de la tempête n'ont encore fait que constater le conflit des élémens opposés qui leur ont donné naissance. Ce sont, dans l'histoire contemporaine, des points néfastes qui signalent toujours le lendemain de grandes catastrophes. C'est, de plus, un chant de victoire à l'usage des vainqueurs, lequel, entonné bientôt dans des mesures différentes, détruit parmi eux l'harmonie qu'il avait eu l'intention de créer ; aussi leur *perpétuité* n'est-elle qu'une fiction. Depuis trente ans,

(1) Jean-Jacques Rousseau. *Contrat social*, chap. 15.

la France est à sa quatrième charte, et certes elle est loin d'être à sa dernière. Le peu de stabilité d'une pareille œuvre s'explique par la mobilité de son point d'appui; ce point d'appui, c'est *l'opinion publique*. Or, l'opinion publique, comme nous l'avons dit, est l'expression bruyante de volontés impressionnées et changeantes que les passions mettent en jeu; mais une telle manifestation ne fait connaître ni les vrais intérêts ni les vrais besoins du pays; elle n'indique que le mouvement fébrile qui agite la société.

Aussi, est-ce au nom de l'opinion publique et avec le secours qu'elle leur a donné que nos novateurs de 89 ont répandu leurs doctrines, qu'ils ont ébranlé les sociétés européennes et bouleversé la société française. Toutefois, une telle boussole égare plutôt qu'elle ne conduit un navire; elle le pousse vers un point différent de celui qu'il voulait atteindre. Ainsi la chose s'est-elle passée; car le but avoué des partisans de ces doctrines philosophiques et politiques était la *destruction* de la religion et le *renversement* des monarchies : leur attente a été trompée, et leurs criminels efforts ont au contraire amené pour résultat final, d'un côté, la suppression de deux républiques, puis la création de cinq monarchies (1), et de l'autre un sincère retour de la part des populations européennes à des sentimens religieux dont l'oubli avait causé tous leurs maux.

(1) Les républiques sont celles de Venise et de Gênes ; et les monarchies, celles de Bavière, de Saxe, de Wurtemberg, de Hanovre et dé Grèce.

Or, ce sont en effet ces sentimens religieux qui seuls peuvent faire cesser l'état de perturbation dans lequel la présence des doctrines de nos philosophes modernes a si long-temps tenu le corps social. Ce sont ces sentimens qui mettront chaque société à même de s'occuper avec calme et discernement des améliorations progressives qui peuvent augmenter son bien-être matériel et moral; car ils nous apprendront à mettre en pratique les préceptes du Créateur, et à fonder les sociétés sur des bases impérissables.

Point *de pacte social* entre les hommes sans *règles de morale* qui garantissent son exécution; point de règles immuables de morale autres que celles qui puisent leur force dans la loi divine. C'est ce que nous avons prouvé plus haut. De là, la nécessité d'avoir recours à cette loi pour l'établissement de toute société, d'autant mieux, et nous l'avons également prouvé, qu'elle renferme toutes les conditions de stabilité, d'ordre et d'indépendance qui donnent aux sociétés force, tranquillité et véritable liberté; mais nous avons vu que ces conditions étaient différentes pour chacune de ces sociétés, à cause de la diversité des usages, des caractères, des langues, des climats et des souvenirs historiques chez les nations; d'où résulte qu'il est absurde de prétendre diriger toutes les sociétés avec les mêmes principes et les mêmes idées, et qu'il l'est, par conséquent, d'en appeler aux *idées du siècle* pour le gouvernement intérieur de toutes les sociétés, puisque chaque société a des mœurs politiques différentes, et que la seule *idée* générale qui puisse convenir à toutes, serait celle qui tendrait à entretenir parmi elles des relations réciproques de leur bonne entente et de bonne amitié. Nous avons encore vu comment les institutions politiques de chaque nation se formaient, s'épuraient et se perfectionnaient progressivement ; comment elles introduisaient des améliorations successives dans les mœurs politiques et publiques, et combien, œuvres réfléchies du temps, elles étaient plus durables que *ces constitutions ou chartes écrites* qu'un orage politique enfante et qu'un autre orage emporte avec lui.

En présence de résultats aussi différens on est bientôt forcé de reconnaître que la soumission aux préceptes divins conduit les peuples à une bienfaisante *réalité*, tandis que nos philosophes, éclairés seulement par les pâles lueurs de leur intelligence, ne leur présentent jamais qu'une fiction. Pourquoi quelques hommes religieux semblent-ils donc, aujourd'hui, sympathiser avec les opinions malencontreuses de nos sophistes éclectiques ou incrédules ? Pourquoi paraissent-ils adopter leur langage et partager avec eux des idées grosses de déceptions? N'est-ce point demander aux passions humaines ce que peut si bien nous procurer l'accomplissement des vertus chrétiennes?

Si les jeunes et vieilles générations qui traversent ensemble le siècle actuel, mettant en commun les avantages qui leur sont propres, les premières leur noble ardeur, les autres leur expérience, s'unissaient pour combattre l'erreur et faire triompher la vérité; si toutes faisaient ressortir aux yeux des peuples tout ce que la loi de Dieu leur offre de véritable indépendance et de solides libertés, nos philosophes modernes n'abuseraient bientôt plus personne ; la vanité de leurs pensées serait à découvert, et les ténèbres de leur intelligence s'effaceraient devant les lumières divines. Mais, je dois le dire, ce n'est pas ce qui se passe en ce moment : profitant de l'insouciance de leurs adversaires, peut-être aussi de leur défaut d'union, bercés aussi peut-être par l'espoir d'obtenir un bien qu'ils ne pourront jamais réaliser, car plusieurs, je le crois, sont guidés par un désir louable, ces philosophes s'avancent et marchent comme un seul homme ; ils propagent en tous lieux leurs funestes doctrines, tandis que nous nous taisons ! Et cependant s'ils prêchent une croisade morale pour le mal, pourquoi n'en prêcherait-on pas une autre pour le bien ?

Terminons et disons : point de société solidement fondée sans institutions politiques qui sont la représentation d'intérêts sociaux préexistans, bien définis, se mouvant chacun dans l'orbite qui lui est propre, et contribuant par leurs rapports entre eux et par le soutien qu'ils se prêtent mutuellement, à imprimer à la société un mouvement général vers des améliorations progressives. Ainsi organisée, une société peut supporter la présence d'une charte, qui n'est alors qu'un recueil légal des institutions déjà reconnues et déjà en vigueur dans la société. Les institutions politiques créent les mœurs politiques d'un pays ; aussi ne pouvons-nous dire en France que nous ayons des mœurs politiques, puisque la société marche sans institutions politiques. Nous n'avons guère que des *tendances* politiques dont il serait sage cependant de profiter, ce qui serait possible si les partis ne voulaient point faire de l'intérêt qu'ils représentent, l'intérêt exclusif du pays. La France n'est, en entier, ni démocrate, ni bourgeoise, ni aristocrate, ni agricole, ni commerçante, ni professant les sciences et les belles-lettres; mais elle est un composé de tout cela. Il faudra donc que ses institutions futures, si jamais la paix doit renaître dans son sein, représentent l'union entre eux des intérêts bien entendus de la démocratie, de la bourgeoisie, de l'aristocratie, de l'agriculture, du commerce, des sciences et de la littérature. Mais il faut avant tout qu'elle détruise chez elle les effets pernicieux d'un éclectisme moral et religieux qui corrompt le cœur de ses enfans; il faut qu'elle apprenne à ceux-ci que l'homme, ici-bas, n'a de puissance réelle pour opérer le bien que par la foi vive qui l'éclaire, et qu'à mesure que l'expérience efface à ses yeux les illusions de la vie, il se pénètre de plus en plus de cette vérité : « qu'on ne » comprend la terre que lorsqu'on a connu le ciel, et » que sans le monde religieux, le monde sensible n'of» frirait qu'une énigme désolante (1). »

(1) *Pensées de J. Joubert.*

FIN.

www.ingramcontent.com/pod-product-compliance
Lightning Source LLC
LaVergne TN
LVHW020432230826
846091LV00004B/1457

9782011770981